園區推手卅年

產官學研的夥伴

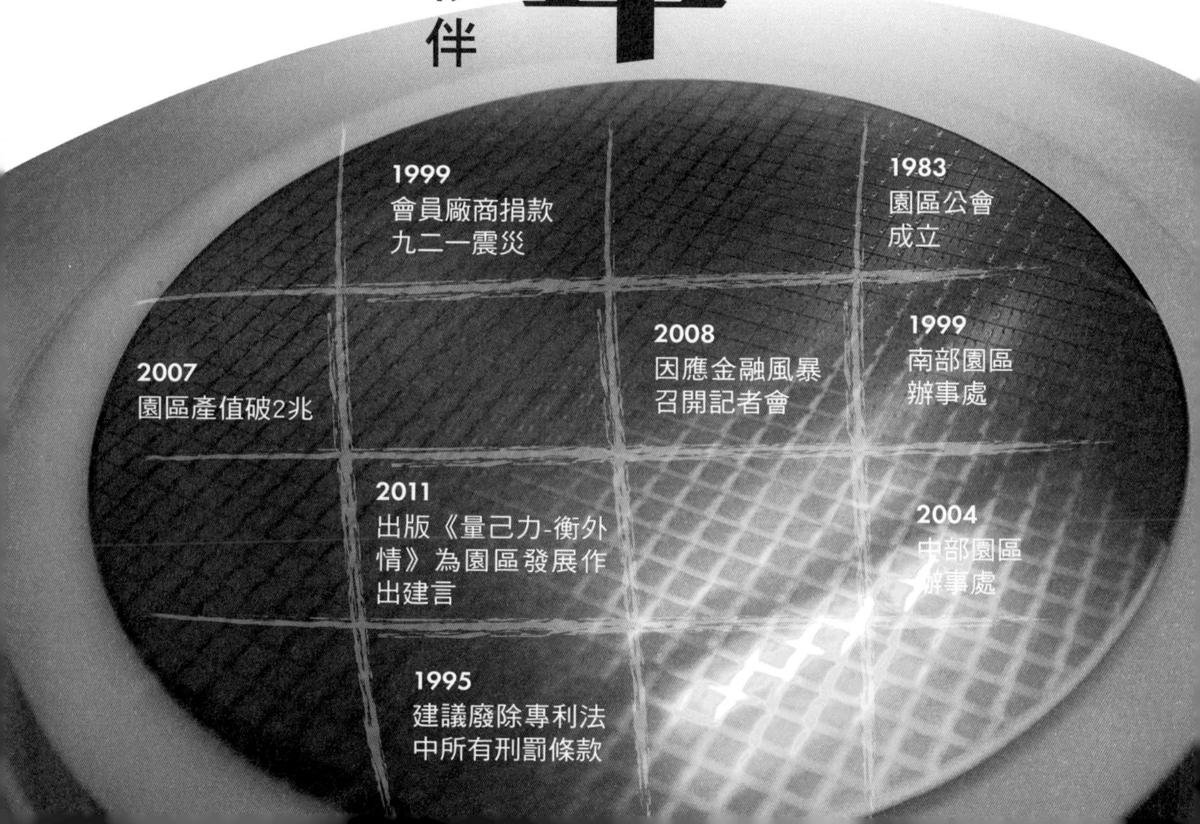

題辭

序

Chapter 1 創業與公會治理

Chapter 2 卅年足跡

台灣科學工業園區
科學工業同業公會成立三十週年紀念

與時俱進
日新又新

馬英九

中華民國一〇二年六月

用箋

台灣科學工業園區科學工業同業公會
成立三十週年紀念

前瞻創新
功宏經貿

吳敦義

中華民國一○二年七月

敦義 用箋

序

精益求精　永續服務

台灣科學園區科學工業同業公會(以下簡稱園區公會)自民國七十二年成立以來，迄今已有卅年，前後在六任理事長的共同努力下，配合國科會各科學園區管理局的服務，不僅為園區廠商提供最佳的經營環境，也為國內經濟發展建立重要根基，植此卅周年出版專刊，特為之序，並感謝所有為台灣科學工業園區努力貢獻過的人。

在卅周年專刊中，感謝各級長官為我們題辭作序，給我們鼓勵，同時我們也特別委請李青霖和王仕琦兩位資深媒體人，為我們專訪歷任理事長、兩位副理事長以及曹典章會務顧問和現任祕書長、副祕書長，透過他們的回顧，點點滴滴的匯聚，並請商周編輯顧問完成了專刊的出版，也希望借由本刊，呈現過去大家共同為公會貢獻的歷程。不過卅年的時光久遠，加上大家對事情的看法或有不同的角度和認知，如有疏漏之處，還望不吝指正。

在這本專刊，我們也揀選了十餘個較具代表性的案例，不管是委員會執行的業務，

台灣科學園區科學工業同業公會理事長謝其嘉

還是理監事會的提案追蹤處理，這些案例大都是發生在過去園區廠商經營環境上碰到的問題和困難，經過公會各委員會幹部、委員、管理局長官、各級民意代表，還有各單位首長及承辦同仁的協助，大家契而不捨的努力，終於讓問題得以解決，在這些案例中，包括水、電、氣供應，工安、環保議題的處理及人力資源、財會、稅務、進出口、智財、園區土地開發等林林總總，而科管局黃俞昌科長也為我們提供部分稿件，由於篇幅有限，對許多曾經付出力量的長官及幹部或是委員，如有掛一漏萬，也請大家多多包涵。

園區廠商對地方敦親睦鄰以及對生活環境的關懷，對公益事業的投入和分享，都證明園區和地方是一體，大家共存共榮，不僅要研發、創新，創造產業的競爭力和經濟高峰，同時也兼顧真善美的生活環境與善盡企業社會責任，希望打造具指標性的科學園區。

回顧過去園區公會成立卅年來的歷程，中央及各級地方政府對園區的發展事務都相當關心與配合，各級首長也經常蒞臨指導協助。科學園區要繼往開來 希望政府持續幫忙，協助廠商解決在經營上碰到的各種問題，園區公會和政府是二個面向，大家共同解決問題，我們一方面建請政府改善經營及投資環境，如果政府有困難，廠商也會多方面配合政府共同為台灣的未來而努力。

個人在這二任理事長任職期間，也要特別感謝園區公會幹部、同仁和三區委員會召集人、副召及委員們，任勞任怨為會務貢獻，還有熱心的理監事及監事長，不斷的提供我們進步的動力和方向，也隨時鞭策我們邁力向前。

展望未來，國際市場競爭激烈，經濟及自然環境變遷加劇，廠商生存與成長的挑戰都更加嚴苛，園區公會將本著「服務沒有止境」的精神，日日新又日新，與全體會員廠商共同努力，為科學園區永續經營的環境，再做貢獻。

台灣科學工業園區科學工業同業公會理事長

謝其嘉

序

精進圓滿　承先啟後

欣逢台灣科學工業園區科學工業同業公會成立卅周年慶，並編綦專刊紀念，感戴園區公會對高科技園區發展提供廠商最佳服務，為國內經濟發展奠基，在全心關懷園區廠商權益的謝其嘉理事長囑請之下，特為之序並表致祝賀之忱。

園區公會自民國七十二年成立以來，建立北、中、南三區服務據點，針對創造年產值逾二兆元產值的科學工業提供全方位的服務，對台灣的科技產業發展也是重要推手。

政則自擔任國大代表及立委期間，即大力協助新竹科學園區之發展與推動周邊資源之建置，爭取高速公路交流道在園區內南北上下，嘉惠園區交通之便利，及減少車輛進入新竹市區之延宕和塞車，以及高峯路等拓寬改善，方便行車甚多。隨後擔任新竹市長期間，與竹科、中科都保持極佳互動，期間竹科對隨水徵收清潔費有疑慮，當時，在積極關

政務委員兼省主席林政則

心園區廠商權益的童兆勤理事長的親自拜訪反映及爭取下，新竹市府也釋出最大善意，立即做出適當的回應，讓廠商的問題得以圓滿解決處理。

目前在擔任行政院政務委員會兼臺灣省主席期間，政府在中興新村規劃高等研究園區，省府配合相關作業，順利和中科局完成各項財產交接，並多次參與招商及敦親睦鄰說明會，園區公會辦理高階主管聯誼會，政則也都親自參與，與中科廠商互動良好。最近園區公會辦理「第一屆竹科志工論壇」，邀請本人參與分享志工培訓及見習實作的經驗與心得，更是難得的體會。

展望未來，全球面臨環境重大變遷及國際商場競爭日益激烈，台灣如何保有經濟長力道，三大科學園區仍然扮演火車頭角色，而科學園區同業公會更需秉持過去建立的基礎，持續服務廠商，期待與國科會及科管局共同擔當扶持園區的推手。政則自當從旁配合，不敢疏忽。

最後，再次祝賀園區公會卅年有成，期待未來的卅年，更是精進圓滿，廠商發展都順利成功，員工同仁都健康如意。

政務委員兼省主席

林政則

序

為產業發聲　提昇競爭力

台灣科學工業園區科學工業同業公會自民國七十二年成立迄今將屆三十周年，園區公會為記錄三十年來服務歷程，特別企劃三十周年紀念專刊，謝理事長其嘉邀本人撰文為序。

民國六十九年，行政院國科會於新竹設立我國第一個科學園區，主要目的在於引進國外技術人才，帶動國內傳統產業轉型，激勵工業技術升級，以創造我國高科技產業發展契機。而後宏碁電腦董事長施振榮、聯華電子董事長曹興誠、全友電腦董事長許正勳及台揚科技董事長王華燕等人，本著服務園區廠商的精神，同時作為政府與業者之間政令宣達與意見溝通之橋樑，共謀園區事業穩健發展的理念，於民國七十二年九月籌組成立園區公會；南部科學園區、中部科學園區相繼建置完成後，園區公會亦分別成立南部園區、中部園區辦事處。

回首台灣三十年來產業發展，全台科學園區產業引導我國由傳統勞力密集產業成功轉型為技術密集的高科技產業。由於科學園區群聚效益、垂直整合及專業分工等產業型態的運作

立法院長王金平

成功，去(101)年國內三大科學園區營業額已達新台幣貳兆四十一億元，係歷史次高；科學園區產業的出口表現更暢旺，成長百分之八點八，遠優於同期全國出口（衰退百分之一點六）。如此亮麗的成績表現，園區公會扮演著重要推手的角色，其運作績效深受園區廠商的認同、支持與肯定。科學園區整體營收雖然穩步成長，然而近年來，全球政經情勢發展已超越各界預期，各國政府無不推陳出新的政策來因應。因此，為求全台科學園區永續發展，科學園區必須推動創新轉型發展，而政府部門也將繼續結合民間的力量與資源，強化園區競爭力，構築園區良好發展環境。

立法院在全球快速變化的環境下，除了主要的法案和預算審查外，更從積極立法與嚴審預算，來創造有利於企業成長與產業發展的優良環境。在積極立法方面，立法院於民國九十九年制定《產業創新條例》，本案為攸關我國整體產業經濟發展的重大經濟法案，新增多項優惠及鼓勵措施，惟其中對於研發創新抵稅以及企業增聘員工補助等，朝列立委一直存有不同意見，經過多次密集朝野協商始獲共識，而後朝野立委針對本案在立法院院會進行逐條發言、表決、重付表決等冗長的審議程序，大家挑燈夜戰，奮戰不懈，開會時間超過七小時，終於三讀通過。本法案賦予產業園區的設立法源，企業研發創新的租稅優惠以及企業聘僱員工的補助條款，也都予以明文規定。另配合本法案之制定，立法院亦同步通過修正《所得稅法》，將營利事業所得稅率由百分之二十調降到百分之十七，使我國公司所得稅稅率較中國大陸及韓國為低，亦與新加坡及香港相當，以營造具國際競爭力的租稅環境，減少企業稅務成本，使全體產業均可因改革效益而獲利。在嚴審預算方面，由於預算是動用國庫的錢，一分一毫都是屬於全國人民的，錢要花在刀口上，不容許政府揮霍浪費。回顧民國九十八年全球DRAM產業供過於求，使得國內許多DRAM廠出現經營困難的狀況；當時經濟部研擬動支國發基金投資成立一家新的台灣記憶體公司(TMC)，推動國內DRAM產業的整併方案。然而，依照當時DRAM業者的虧損狀況，政府縱然挹注七百億元，也會在四個月內耗盡。

基於種種考量，本案最後經立法院經濟委員會決議：「國發基金不得挹注該計畫」。鑒往知來，去(101)年三月初日本DRAM大廠爾必達公司申請破產保護時，債務高達五十五億三千萬美元，創下二次大戰後，日本製造業負債金額最高的企業破產紀錄。倘若當時不是立法院為民眾嚴加把關，國庫恐將損失慘重，更將影響相關產業的正常進步與發展。反映民意，為人民發聲，是民意代表的天職，也是國會的使命。立法院未來將繼續為科學園區發聲，傳達產業意見，並與園區公會共同努力，適時通過相關法案或預算，給予產業界回應與支持，以提高台灣高科技產業的國際地位與聲譽，提升國家競爭力。

立法院 院長 王金平

序

運用專業平台　照顧廠商權益

台灣科學工業園區科學工業同業公會民國七十二年成立時，正是科學園區草創初期，與科學園區的發展同步成長，從三十餘家會員成長至今近五百家會員，從搖搖學步至今穩健邁進，擁有美輪美奐的會館大樓，並在中部科學園區與南部科學園區分別設有辦事處，就近服務中科及南科的會員廠商，組織健全且具規模，成就非凡。

職業團體的存在，是為了照顧會員的權益、提供會員服務、協助政府推動各項業務、以及提供政府施政建議意見。園區公會與會員廠商同處一封閉區域的特質，讓貴會與會員廠商的關係無比緊密，提供會員廠商直接且毫無障礙的服務，發揮了職業團體的最大效益。

不論是協助園區的開發與招商；充分運用專業委員會等附屬組織，提供會員廠商橫

內政部部長李鴻源

向與友廠間、或縱向與政府單位的溝通平台；對於各項法令規章提供建言，使相關政策、法令規定內容更臻合理及適用，並利於廠商遵循；對於科學園區廠商的營運，協助建立穩定且優質的環境，讓廠商順利生產，提升產業競爭力；在金融海嘯時爭取各項費用的減免，以降低廠商的營運成本，協助廠商渡過不景氣；邀請　總統等高層長官到科學園區聆聽廠商的聲音；辦理優質的教育訓練，在各項評鑑中都獲得優良的成績，更獲得TTQS（台灣訓練品質系統）銀牌獎。

除了提供本業的服務之外，園區公會在職業團體的另一項重要任務：社會責任，亦有出色的表現，長期以來對於園區週邊公共設施挹注許多心力，也在多次天災中協助募款幫助受災戶，平時對弱勢團體的捐助更不遺餘力，對於社會公益的重視不落人後。

在全國近一萬八百餘個社團中，園區公會歷年來都能脫穎而出，年度評鑑大都獲評為績優公會，實屬不易。今日欣逢園區公會樹立三十周年里程碑，期許園區公會繼續努力，為會員廠商提供更優質的服務，亦祝福園區公會繼續創造下一個璀璨光華的三十年。

內政部 部長 李鴻源

序

服務廠商　重要推手

科學工業園區歷經三十餘年的發展，成為世界聞名的台灣矽谷，在全球高科技產業界居舉足輕重之地位，是許多全球知名企業及領導人才薈萃之地。

台灣科學工業園區科學工業同業公會伴同園區一路走來，在園區發展過程中，扮演重要的推手。歷經同甘共苦的歲月，因應園區業務日漸擴大，營運據點從新竹拓展至台南及台中，是政府推動園區的重要夥伴，值此成立三十周年之際，特為序祝賀。

園區廠商為提升產業技術水準，積極從事研發，投入研發經費約佔全國製造業研發經費四成，取得美國專利數約佔全國三成五，在研發的投入及成果方面，都居國內產業界的領導地位，不僅有多項產品的市占率位居世界前茅，並有許多廠商在專業領域居世界領先地位。西元二〇一二年，園區廠商整體營收高達新台幣兩兆四十一億元，就業人數約達二十四萬五千萬人，此皆歸功於園區公會及其會員廠商的努力。

國科會主委朱敬一

園區公會是代表園區廠商的專業性組織，長期扮演產、官、學、研之服務平台，不僅協助廠商與廠商之間的溝通及協調，凝聚園區廠商的意見及力量，更積極配合政府政策，並協助推動各項輔導措施。園區廠商歷經一九九七年亞洲金融風暴、一九九九年九二一大地震、二〇〇〇年全球科技泡沫及二〇〇八年金融海嘯等嚴峻考驗，但是皆能如浴火鳳凰一般克服難關，再次成長，園區公會功不可沒。

適逢園區公會三十而立，敬一除了感謝園區公會多年來對科學園區的支持外，更期盼未來能繼續共同努力塑造園區創新的文化及環境，大家緊密攜手推動園區持續創新轉型，為科學工業園區的永續發展奠定更深厚的基礎。

國科會主委
朱敬一

序

利人利己　共創光明未來

今年欣逢台灣科學工業園區科學工業同業公會成立三十周年，本人於九十七年五月起擔任國科會副主委，負責督導科學工業園區，承蒙謝其嘉理事長邀請為專刊作序，謹就本人與公會互動印象最深刻部份，略作發抒。

九十七年接近年底時，世界性的金融海嘯席捲而來，園區產業受到重大衝擊；次年一、二月整個園區月產值自九十七年一、二月的一千七、八百億，直直落到七百億，放無薪假員工達十三多萬人。國科會擔負發展科學工業園區任務，在景氣急凍初期，秉持「速度要快，力道要夠」原則，在有限資源下，擬定管理費減半、規劃「固本精進」計畫，一方面協助廠商度過難關，搶救園區高科技廠商核心技術工程師免於無薪假或裁員，另一方面，激勵園區高科技廠商持續研發投入，固守既有的研發能量，並結合學研界之研發能量合作研究，以精進園區產業技術。「固本精進」計畫後更獲得行政院肯定，納入「振興經

國立清華大學校長陳力俊

濟方案」中，擴大施行，頗獲好評。

同時當初如自由落體的月產值自九十八年三月起，逐月上升，到九月達到黃金交叉，十一、二月又回到一千七百億月產值水準，欣欣向榮景象又再臨竹科。值得一提的是，科學工業園區管理費歷年來自營業額千分之二點五降低到千分之二以至千分之一點九，金融海嘯期間，一般呼聲是希望降至千分之一；國科會認為如減半調至千分之零點九五是明顯表示為暫行紓困措施，而非反應經營成本的調降，事後也順利調回原來的費率，是與園區公會良性互動之一頁。

另外有一次代表國科會參加園區就業博覽會活動時，有機會聆聽時任經濟部長的尹啟銘先生一席話，他特別強調在政府工作「人在公門好修行」，也道出公部門掌握許多資源與公權力，職位越高影響越大；以台灣現況，政務官往往為立法院頻繁不著邊際的質詢羈絆與粗魯對待所苦，未來將無法吸引一流人才，再加上政府財政情況窘迫，公會會員將不能仰望政府勵精圖治，除「自求多福」外，可能也需要思考本身何以自處，才有可能期待光明未來。

俗語說：「種瓜得瓜，種豆得豆」，如果我們一方面享受接近舉世開發國家最低的稅負，一方面期待有大有為政府，無異「緣木求魚」，台灣財稅政策很明顯向富人傾斜，到接近年青人一年薪資還買不到工作地點附近一坪房子時，社會的公平正義就蕩然無存了，公會會員不見得都是富人，但亟應發揮影響力督促政府迅速導正。

「人才、人才、人才」是企業蓬勃發展、永續經營所繫，現今常聽企業主談「學用落差」，找不到適用人才，但就台灣頂尖大學現況來看，一方面與世界名校資源相比，以每位學生計不到其十分之一，而八年來學雜費受教育部所限制不得調漲，超低學雜費收入總額不到大學經營成本的十分之一，艱困可知；公會會員如能在培育人才方面多所挹注，就不只是利人利己，對整過社會競爭力都會有很大助益。

科學工業園區多年來是台灣的驕傲，園區公會會員在產業轉型升級方面扮演領頭羊角色，但晚近也遭遇強大的挑戰，淵源深厚的本人與清華大學自當積極參與科學工業園區再造，攜手共創充滿希望的未來。

國立清華大學
陳力俊

序

人才匯聚　合作關係緊密

欣逢台灣科學工業園區科學工業同業公會成立三十年，首先謹代表國立交通大學，對於貴會服務園區八百多家進駐廠商之努力及熱忱，至上最高感佩之意及祝福之心。

園區公會成立三十年以來，肩負起溝通橋樑的重任，為北、中、南科學園區提供充足的產業資訊以及建立完善的服務管理制度，並維護公司廠商的共同權益，做為企業廠商強力的後盾，奠定起台灣高科技產業的基礎。同時，也在關鍵時刻提供政府科技產業及經濟發展實務上的經驗與報告，以及政策上的建言，協助台灣高科技產業在世界舞台佔有一席之地。

交通大學向來培育國內科技人才不遺餘力，近一年來畢業校友至竹科就業比例達百分之三十三點一三、中科百分之二點六一、南科百分之二，比例達三成八，成為科學園區

國立交通大學校長吳妍華

從業人員最大宗來源之一。長期以來，交大即與新竹園區廠商有緊密的研究合作關係，校友在竹科廠商中擔任高階主管的比例高達六成以上；在交大計畫成立台南分部之際，有賴奇美集團支持教學研究大樓、產學研發經費及獎學金，而南科園區廠商也慨贈設備及資金成立實驗室，讓交大台南分部順利於二〇〇九年正式坐落於南科旁。

交大與園區廠商共同創造的產學合作績效，早已成為典範與佳話，未來交大將會在穩固基礎上擴大產學合作領域，再度與北、中、南三園區的廠商共同領導台灣高科技產業更上一層樓。

國立交通大學校長

Chapter 1 創業與公會治理

圖片提供／台灣積體電路製造股份有限公司

台灣科學工業園區科學工業同業公會樹立了科技產業推手的成功典範!

乘著全球科技產業崛起的浪頭，台灣科學工業發展三十餘年來，創造了經濟奇蹟，提升國家競爭力，也讓蕞爾小島得以在世界立足；在這段發展過程中，園區公會在歷任理事長帶領下，配合政府施政顧及科技產業需求，提出各項適宜建議，排除經濟發展的絆腳石，逐步創建台灣的實質影響力。

於園區公會成立三十年的今日，過往的點滴努力，匯為巨流，繁花盛茂，值得在台灣科技經濟發展史上，記下一筆。

一、開創建設期

深謀遠慮：招攬專才、創技術入股模式、創會理事長

第一屆理事長**許正勳**
現職：全友電腦股份有限公司董事長

全友成立的一些回顧

我來到科學園區時只有三十八歲，之前一直在美國。在美國時，朋友介紹認識王渤渤、曾憲章、胡忠信等人，他們想回台灣創業，於是我決定出資協助他們創業。當時創業團隊都有技術股，我應該算是台灣第一個提供技術股的董事長。

回台後，必需交給管理局籌備處一份進入園區的申請計畫書，我們就用手寫了七、八頁，將計畫書送去新竹科學園區管理局局長何宜慈辦公室，那時辦公室還在和平東路。何局長一看，說：「不對啊！這是將來歷史資料，你怎麼可以用手寫？能不能打打字？」

我們只好又將手寫的計劃書送去打字行，以前中文打字是由鑄字模一字一字手打操

作。完稿後大概下午兩、三點鐘，王渤渤、曾憲章及我三個人，趕緊送到何局長辦公室，他坐在沙發上看完計畫書，當場就簽名說：「好，你們就進園區了，趕快去看廠房。」這時大約是一九七九年底。

接著，來到新竹看廠房，此時第一期四棟長型的標準廠房已經完工，他們中意的是較靠近高速公路那側，我認為公路的行車噪音不妥，討論後決定選擇靠近管理局這側。標準廠房是兩層樓，我選樓上，避免在樓下聽到二樓走路聲音。

全友比王安電腦公司更早入區，我們選擇樓上後，王安就選樓下。裝潢期間，樓下王安同時進行，那時沒有水與電，都要從外面接進來。但是因為建築品質不佳，我們樓上在裝潢，樓下就在下雨，王安員工常跑上樓來說：「你們水漏到我們樓下來」。雖然初創時期很辛苦，但我們還是將辦公室成立起來。經此過程，我與何宜慈很早就熟識，他的辦公室從台北搬到新竹管理局以後，更常來我們辦公室。

成立後二年左右，有天何局長請副局長打電話找我，告知原本由美國華納時代預定的建廠用地，收到對方電報表達不來設廠，所以詢問全友是否願意在這塊用

台灣第一個提供技術股的董事長全友電腦許正勳(圖片提供/全友電腦)

地建廠。副局長向我介紹這塊地的位置，由園區大門進來一路緩緩上坡，在水塔邊這塊地，應該是園區位置最高處。於是我答應拿這塊地。我們於一九八三年開始蓋廠，一九八四年四月份啟用，算算我在竹科已經三十多年了。

早年法令無法顧及園區，保稅頭疼

我們全友在科學園區裡面，剛開始竟不能做內銷；比如說全友產品賣到台南，不能開發票，我要出口給另外一家公司，那家公司再進口，為什麼呢？因為竹科是保稅區，進科學園區的原料都是免稅，怎麼可以直接賣到國內？政府說不行，這也是件大事情，後來全友才在台北成立新友科技公司，由新友做內銷。當年很多法規都讓我們頭疼，像內銷、保稅，這些都是問題。

那時的竹科生活也很

1981年2月9日，位於竹科第一期標準廠房的全友公司舉行開工典禮(圖片提供/全友電腦)

辛苦，例如員工吃飯也是問題；新竹當時連一個像樣的飯店都沒有，只有一家小小的日本料理店，另一家在一樓的飲茶店。剛開始園區宿舍還沒蓋好，全友主管王渤渤、曾憲章等人先在外面租房子，後來才搬到獨棟宿舍來。住在外面吃飯是大問題，公司有客人來也沒地方去。現代竹科人都很難想像以前的資源有限，所以大概都將現在的環境視為理所當然。

公會成立前的時空背景

科學園區廠商成立同業公會的背景，必需回顧園區成立時宗旨。我曾經請教李國鼎資政，為何選擇在新竹設立園區。他說因為新竹距離桃園機場近，距離台北約一小時車程，四周又有清華大學、交通大學，以及工研院等機構，科學人才很多，適合成立園區。

李國鼎強調園區以創新與研發為主，透過創新與研發來提升台灣的科技產業。在此之前，台灣只有「加工出口區」，例如高雄加工出口區就很有名，專長於生產製造，因此政府對竹科定位有別於高雄。假如你要做製造，到加工出口區就好，不要到新竹科學園區來。

不過，在竹科設立初期，一位來自高雄加工出口區來的管理局高階主管，仍停留在加工出口區的思維，與第一任管理局長何宜慈，對於廠商的法規常有意見不同的爭執；

例如我們進口一些零件，海關要求課徵港口捐，但我們零件都是從桃園機場空運進來，並沒有經過高雄港，這些空運貨品為何要接受港口捐？為此，廠商常有爭議，於是大家就邀請當時財政部長徐立德，前來科學園區舉辦座談會，並向他反應這些問題。

那時候的政府組織，最高層是蔣經國總統，與科學園區業務相關的部會，分別是負責擬定科技政策的李國鼎政務委員，以及經建會主委也兼中央銀行總裁的俞國華，其他政府部門包括財政部、經濟部、工業局等。在這組織架構下，科學園區管理局雖然也是官方單位，但何宜慈局長是政府請回來的海外學者，過去並未任職於台灣公職體系；所以那時候我們爭取免除港口捐提案時，因屬於跨部會間的議題，由他與各部會商量研議，就顯得困難而複雜。

然而，徐立德很能幹，他率領著海關總署司長等相關單位主管一起來竹科開會，當場就交辦事情要如何解決，並決定此後空運進口的貨物不需再繳港口捐了。這項決策省下園區廠商們大約兩千多萬的費用，這在當年是筆不小的數字。

從此以後，何宜慈局長為了改善園區廠商經營環境，開始採取「聯合廠商一起向中央部會反應問題」的策略，

全友電腦公司的廠房是園區歷史最悠久的廠房之一(圖片提供/全友電腦)

常找我們幾家廠商一齊去經濟部、財政部與官員會談。但是這策略運用久了，有些政府官員還是不太積極；其中或許有幾次會看廠商代表面子，答應辦理，但久而久之還是相應不理。

何局長見此狀況，就建議一定要成立公會型態的組織，與政府單位協調溝通及爭取權益，才容易產生效果。何局長提出此建議時曾來請教我，我亦同意他的建議應該設立公會，且此公會應該是全國性的公會，不能只是新竹地區性的一個小公會，才能有足夠的力量向中央發聲。

何宜慈為與中央爭取資源，與廠商合作

科學園區創立的宗旨是創新跟研發，當時日本人在台灣只有製造，不太可能將技術研發移轉至此，美國公司來竹科設廠也極少；早年來竹科創業成立公司的團隊，都是所謂的「海歸派」，從海外留學、工作後再回來創業，但數量還是十分有限，科學園區成立四、五年了，廠商都沒超過三十家。

何局長作風非常美式；他積極將這裡建立為一個真正的科學園區，而不是加工出口區，所以很辛苦，可說是天天焦頭爛額；我們這幾家園區最早的廠商，也幫忙去頂很多事情。何局長最常找我與宏碁董事長施振榮前往台北與中央部會官員開會，因為會議都

在一早，我與施振榮就相約前一晚在台北的日本料理餐廳吃晚餐，商量隔日早上與官員們會談時的內容。

財政部長徐立德最喜歡開早餐會報，且規定七點鐘各局處首長一定要到。有一次，我、施振榮與曹興誠三人一起去，七點鐘一到，一位局長進來會議室時，仍帶著宿醉，醉眼惺忪就把公文往桌上一丟，很大一聲，指著我們說：「你們這些科學園區的，都是特權階級」，當場我們也受不了。可見有些事情就算徐立德同意了，底下部屬仍然有阻力，即使我們廠商團結幫忙，何局長的壓力還是很大。

公會初成立時，施振榮最熱心

園區初成立四、五年，只有二、三十家廠商，廠商會費每個月只需繳約五千至六千元，因此同業公會收到的會費非常有限，部份公司甚至未繳會費，我每年都需額外投入數十萬元於公會會務上，開會時出席率也不理想。公會成立最大推手就是何局長，後來出最多力的是施振榮，他非常熱心，不知道為何後來沒有擔任公會理事長。

一九八六年，第一任理事長屆滿前，全友的產品市場逐漸成長，公司事務繁忙，已無暇再兼顧公會，便向當時接任何局長的李卓顯局長表達歉意，無法再繼續擔任公會理事長；後來第二任理事長由聯華電子公司總經理曹興誠擔任。

我擔任公會理事長時，花相當多時間在出席政府機關會議上。記得那時政府各項產業界的會議，公會理事長都必需參加；當時也出席許多全國工業總會的會議，每次開會都與統一董事長高清愿隔鄰而坐。

我在公會聘請了曹典章先生擔任總幹事；他曾經籌畫由公會提供園區各廠商交通車服務，從新竹各地接送員工上班。我跟曹先生說：「千萬不要，我們公會第一沒錢，第二、你服務園區這些廠商，但是後遺症太多。不如協調新竹客運，將公車開進至科學園區內，而不是我們公會去經營交通車業務。」講完後他去聯絡，後來新竹市公車果然就開進園區來了。

全友電腦廠房在竹科是最早完工的單一公司廠房，公司大門前有一片七里香籬笆，剪成如意圖型，非常大器

剛開始公會的員工上班地點，都在全友公司裡，除了理事長外，公會編制就一位總幹事及一位小姐；至於他們的薪水是否由全友支出，我已不復記憶，但還記得實驗中學圖書館裡面桌椅，都是我捐的。時間真快，這都是三十年前的事了。公會有不同階段性的任務。我擔任理事長的那三年，一九八三至一九八六年期間，與後來的一九九〇年代，或是現在已經完全不一樣了。

我擔任理事長期間，看到何局長做事真是賣命，人又非常圓融，做事情非常認真，而他的部屬如童虎副局長等人，都是優秀人才。在竹科業者與公部門主管中，他跟我是最親密的。

後來何局長離開竹科管理局，至資策會擔任執行長多年；我去台北都會約他聚餐敘舊。何局長過世時，他的子女製作一本紀念專書，曾經來訪問我。何宜慈之後的管理局長是李卓顯，他也做得不錯，再之後的局長我就慢慢比較不認識了。

我任理事長時，各廠商的營業額非常有限，公司小、員工也不多，彼此接觸較頻繁。全友旁的中美矽晶，是一位留美學人回台灣創業，他年紀不大，每天在那邊研磨晶圓，後來他賣掉公司，可能回美國了，中美矽晶的經營權也換了許多次。又如早期大王電子，董事長吳緯國的宿舍住在我隔壁，那時候他常在晚上跑過來我住的宿舍聊天。

許多早年於竹科成立的公司，有很多撐不下去就離開了；在此狀況下，公會都自身難保了，很難去協助會員廠商，爭取更多資源與權益，這與現在亦大為不同。現在公會很有力量，因為科學園區是台灣產值最大的地方，公會理事長講話就很有份量，現任理事長謝其嘉告訴我，公會的理事長其實很難當，最好是全職的理事長。

公會能力有限，競爭同業日增

那個年代，竹科廠商真的要自求多福，政府跟公會幫忙其實很有限。對全友而言，比較大的轉折是在一九八八年左右，政府對於科技的政策，採取比較開放的態度，固然每公司研發的科技，其實都有特殊性，但政府希望技術擴散，廠商希望技術保留。這個政策一出來的時候，對很多科學園區廠商的發展，影響非常大。

政府這樣對科技產業採開放的政策，對政府是不是好？也不見得。以全友起家的掃描器產品為例，像我們做起來幾年後，台灣很多做掃描器的

李國鼎先生（右四）到全友參觀當時的新產品，全友董事長許正勳（左二）陪同參觀及說明(圖片提供/全友電腦)

廠商紛紛成立，全部都是自我們公司離職的員工去創業，且管理局也批准他們在科學園區裡面設廠。

當時政府就是傾向將技術擴散，但是他們無法預見，其實掃描器產業是我們台灣可以獨佔的，結果競爭激烈演變到後來，什麼人都可以做掃描器。從全友一路走來，看盡一個產業的發展，都有他的時空背景。我在竹科三十幾年，看了很多產業或企業的興起，與歸於平淡的過程。那段草創時與同業、管理局幹部們的共患難，是我懷念的時光。

竹科戰神：左廢不公專利刑責 右打不平環保事件

第二、三屆理事長**曹興誠**
現職：聯電榮譽董事長

我在聯電從一九八二年做總經理到一九九一年，我的月薪開始是六萬元，後來加到八萬元，就沒再加過了。當時董事長方賢齊不太管這些事情，我也不想用我的薪事去煩他。

從研究所畢業到現在，我從沒找過事，也從沒要求過加薪。交大研究所畢業時，郭南宏院長推薦我去跟著老校友顧光復先生。顧先生那時在經濟部負責把三個直屬研究機構，即礦業研究所、金屬工業研究所，以及聯合工業研究所，從政府機關改組成財團法人。顧光復負責專門小組，就叫我去做秘書，掛名在聯工所，借調到經濟部的技術評審委員會。

把三個研究所改為財團法人，是孫運璿很重視的計畫，經常請許多國外學人回台開會，討論這件事。開會時當然是中英文夾雜，還有許多科技術語；所以整理會議記錄不容易。原來做記錄的人，是把一切都錄音，以後再趴在錄音機旁辛苦的聽，慢慢地記，要一個多月才能把記錄做出來。

後來我跟做記錄的人說，你這樣不行，你要注意聽、當場記，把錄音機扔掉。他說不行、不行，我就說，交給我辦吧。我做記錄就當場記重點，廢話不記，所以很快就可以把記錄做好。那時因為要打字、校對，所以要弄好幾天，如果換成現在電腦處理，大概當天我就能把記錄完成。我做的記錄交出來後，有些開過會的人就問「這記錄誰做的？寫的比我說的還清楚啊！」所以我就受到了注意，後來常被派去做別人覺得難辦，或別人推拖不想去做的事，因此得到不少歷練。

園區公會第二、三屆理事長曹興誠

後來工研院正式成立，我就被調到新竹，待在企畫組。那時候企畫組組長是中山科學院來的，建議我去中山，我說去中山有什麼好？他說：「馬上送你到美國念博士啊！」你這個土碩士在博士如雲的研究機構裡恐怕很難混。我說念博士要好幾年，沒興趣。那時候整個工研院對外、對上簡報都交給我。有一次上級視察，我簡報完後，金屬工業研究所所長齊世基先生上來拍拍我說，你升官沒問題了。後來工研院電子所成立，我就轉到電子所去。

職場經歷從未謀職，亦未要求過加薪

我在經濟部時，一個月薪水三千元，我的同學去德州儀器薪水是八千多元。不過我不在意　我覺得做事剛開始計較薪水沒有太大意義。後來我把員工分紅配股制度創出來，解決了台灣科技業對外招募人才的困難，也在科技界製造了至少上千個億萬富翁。

分紅配股是這樣來的，公司法規定，公司賺了錢要明定員工分紅比例，但並沒說是分現金或股票。以前的公司用現金分給員工後，剩下的錢則依面值十元增資，用股票給股東。後來我說這個好像不符合比例原則，應該要分現金大家都分現金，要分股票都分股票，這才符合比例原則；這中間當然有個填權的觀念。

若是公司分給員工股票，要股票填權以後員工才能領，這就符合公司法的原則，符合分紅比例。後來有些公司，不管填不填權，都拼命配股給員工，這樣就浮濫了。所以後來有人罵說，分紅配股肥了員工瘦了股東，也有一部份的道理。稅務機關一向不喜歡這個制度，聽到有人罵，當然就設法要廢除分紅配股。我當時極力為這個制度辯護，可惜其他科技廠商不支持，終於導致這項創新被廢除。

後來有些廠商跟我講，像鈺創董事長盧超群碰到我說：「唉！分紅配股沒了，人也被挖了，很難搞啊，你要不要再講講話？」我說：「這場仗我已經打完了，我還有別的仗要打。」

園區同業建議限制進口，老曹反對

我們聯電開工是一九八二年四月左右，那時一家同業找我說：「我們應該跟經濟部長講講，我們是策略性工業，應該要適度的限制進口，或是提高進口關稅；這樣我們這麼大的投資才有保障。」我跟他說：「千萬不要這樣想，我們成立就是要替客戶廠商減低成本，你怎麼先加他成本呢？如果這樣一搞，客戶就會說我們產品爛、不能用，那就永遠打不進國內市場。我們不要找客戶麻煩，應該憑本事跟進口貨競爭。」

我做一九八二年聯電預算時，營業額只有一點九億元，預計賠四千萬元。但上面提的那家同業的預算，是營業額二億元而且賺錢，所以我在董事會受到很大壓力，董事們質疑我，「他們資本額只有你幾分之幾，還賺」，我說我真的不知道他們怎麼做的，我說我做的預算，達不到我就辭職。後來我一點九億元達到了，他的二億元預算沒多久改成一億，最後只達到兩千萬元，從此他的信用破產了；而我因為達到目標，從此在聯電獲得了董事會的信任。

公會成立的源頭憶往

推動成立同業公會的人，是當時管理局的何可組長，他負責這業務，要我草擬章程，還要我做召集人及理事長，可是我那時不想做理事長；因為我在外面看到有人擔任公會理事長以後，導致公司垮掉，可見這個職務對經營企業沒幫助。

在成立科學園區同業公會之前，我先把自己的候選資格拿掉，然後才來籌畫理監事選舉，並請全友電腦的許正勳董事長來擔任理事長，還請了一些人來做理監事。我規劃好配票以後，跟他們說：「你們照我的規劃投票，大家都不要跑票，我們的組織就會搞定。」我們成立的時候內政部派一位主管來看，內政部算是公會的主管機關；這位內政部先生來了就問我說：「你們這公會成立，有沒有事先規畫？」我給他看我的票數規劃，然後說：「等一會你看看開票結果」。票一開完，每位理監事的實際得票，與我事前規畫的一模一樣，那位先生不禁大嘆「嘩！你自己怎麼不做理事長？」

全友許正勳董事長擔任第一屆理事長，任期屆滿時，管理局局長是李卓顯先生，他叫我去做。我們兩人很投緣，李卓顯做事很有一套。台北有家大報的女記者，常來新竹跑園區新聞，每次來就大喇喇地坐在會議室旁，聽著管理局人員開會，以後再嚴厲批評，給管理局帶來很大困擾。管理局第一任局長何宜慈不敢惹她，等到李卓顯上任後，她也跑來開局務會議。

李卓顯問她：「妳是誰啊？」她說我是記者；李就說：「我有請妳參加這會議嗎？隨便跑進來，給我出去。」這女記者下不了台，就哭了。後來是當時副局長楊世緘安撫她，還送她回台北，從此她就沒有再修理園區了，所以我覺得李卓顯真有一套。

回憶曾有員工要在聯電搞工會

那時候有些工運人士，想在新竹科學園區發展工會（非公會），計畫先突破聯電；於是鼓動聯電一些線上技術員（不是作業員，是修儀器設備的員工）集合起來搞工會。那時依照工會法，只要很少數大約十幾二十個人，就可以成立工會，很少數人就可以把工會撐起來。

帶頭的那位員工，先出來競選聯電福委會委員。有次開福委會他就大肆批評我，我說：「你怎麼討論時不講話，等大家做了結論以後才亂罵。」後來找人去查，才知他正在籌組工會，我問這個人工作表現怎樣，他主管說很認真，我就說以後他出現的場合，請通知我，讓我迴避他一下。工作認真的員工，脾氣大，嗆我也沒關係。

後來公司的人說他跟外面有串通，於是我就在員工座談會跟他說：「今天你們搞工會不是壞事，為大家謀福利嘛，不過我希望你們公開搞，不要私底下搞，應該把成立工會對公司有什麼好處講給大家聽。你只要公開搞工會，我給你免死金牌，只要我在聯電做總經理一天，沒有人會動你職位。你們不要偷偷摸摸，好像覺得受迫害。可是我也要有君子協定，你要說服一半以上員工支持你，不然你們只有少數幾個人成立工會，沒意思嘛。你們要去哪裡宣導，隨便，我們絕對開放，配合。如果你說服百分之五十以上同仁支持你，我也會加入你，因為我這個總經理不是資方，也只是工頭啊！」

結果他們答應了我，弄了一陣子，根本沒員工支持，他們搞不下去，就放棄了。外面搞工會的人就跟他們說：「你們上當了。」

理事長任內一些大力推廣的事

我做理事長時，要擺平很多事情；那時園區新設，許多事情都在摸索，所以爭議很多；例如園區實驗中學剛開始時，想提高升學率，於是我跟校長說，升學率是靠學生，不是靠學校。你要把很優秀的高中生吸引進來，你就成功了，本來這學生可以進建中，你把他找來實驗中學，那就成功了。怎麼吸引呢？重賞之下必有勇夫，錢我們來出。於是，我捐了些錢給學校，捐多少錢我不記得，那時我說獎賞要集中，分散沒意思，要集中，人家小孩念建中的要他來這裡，幾千塊錢他怎麼可能會來？但校長還是把錢拿去通通有獎，我也無可奈何，不過這個策略還是有效。

安居計畫，那時候大家紛紛在蓋，華邦後發先至，比我們先落成。我們的安居計畫，我跟同仁講說，我們這計畫要做個典範，不要去搓湯圓送禮，一切照規定做；所以搞了十幾年。但搞十幾年也好，因為地基打得比較穩，歷經很多颱風、下雨，地都沒事，比較放心。

我記得有一次，我去營建署參加審查會議，署長是潘禮門，潘禮門很正直，我連一根香煙都沒請過他。那次開會時，討論到將來垃圾怎麼處理；我們在寶山鄉，

收藏古董、藝品也是曹董事長興趣之一

寶山鄉出席代表說，沒關係我們會負責，歡迎你們來。但是新竹縣政府代表卻跟寶山鄉代表說：「你講負責，你算老幾啊？怎可講你負責」。潘禮門就罵縣政府的人員說：「你這什麼態度啊，公務員是一體的，寶山鄉做了承諾，你要幫他執行啊！你怎麼還在找他麻煩？這樣老百姓該怎麼辦呢？」我那時覺得，哇！還有這樣的官，讓人肅然起敬。

做理事長不任勞、不任怨

那時李卓顯局長喜歡打高爾夫，我就出錢修一個高爾夫練習場，這件事執行者是公會總幹事曹典章。完工時他做了一個牌子，寫這球場歷經「千辛萬苦」才建成。我看了好笑，說：「典章，這麼小個練習場，你寫千辛萬苦是笑話，拆掉！拆掉！我們不用立牌子。」

李卓顯一直找我接公會理事長，其它理事也找我。我開玩笑地說：「真的找我做的話，我可不任勞也不任怨喔！有事大家一起勞，誰怨的話我理事長馬上讓位給他做。事情我一定讓大家充份討論，最後結論我要一言而決，不准再翻案。我這些原則大家支持，我就幹。」大家只好支持。

有了這樣的默契，公會變得有效率，沒有議而不決、決而不行的毛病。例如那時園區有個路口，來往視線有死角，出了很多車禍，有人建議管理局出錢蓋紅綠燈，但管理局必需先列預算。我說：「拜託！列預算出來一年以後了，那地方要死多少人啊？趕快先去把紅綠燈立起來！沒有錢，我們這麼多廠商一起出錢啊！有廠商不願出錢沒關係，我來墊！這人命關天的事情，要馬上就做」。所以推動很多事情，我們都按比例出錢，誰不出，我出。以前廠商動不動就要管理局做這、做那，我則強調公會自己來，這樣很多事情立刻能解決，廠商跟管理局的關係也不緊繃了。

另外一個例子，是有一家廠商提案討論降低園區的管理費，理由是他們毛利太低，不想再付這筆費用。我說：「你確定要這樣子建議上去嗎？園區給我們這麼多優惠，是把希望放在我們身上，叫我們提高台灣產業的附加價植；你說你毛利這麼低，國家可能會認為你沒資格待在園區裡，所以你回去研究看看，確定要提嗎？」結果這個議案不僅這家廠商撤了回去，從此也沒人再提。

我當時常跟大家說：「園區對我們很優厚了，我是理事長，我不想再去爭取甚麼減低稅捐這種事，我覺得沒這個臉去講這個。我們應該要把附加價值搞上去，不要在小事上唧唧喳喳的。」

我在公會做了六年平均每年要掏兩百萬元出來排難解紛，所以我六年任滿，沒有廠商願意接任理事長。有人建議修改章程，讓我能續任，我當然拒絕。後來我找到盟立的孫弘董事長願意出來做，但他說我沒有這麼多錢，我還跟他保證，錢的問題我一定會全力幫他解決；這樣才好不容易把孫弘請出來接任。後來我常開玩笑說，一個服務公眾的職位，如果前任出錢出力，以後的人是不敢接的；如果大家搶位置，表示這個職位有好處，那就是前任出錢出力不夠的緣故。

促成專利法的除罪化

因為是科學園區公會理事長，所以我也擔任了全國工業總會的常務理事，兼智慧財產權小組的召集人。那時候台灣侵犯專利有刑責，所以外商來告台灣廠商侵犯專利，往往可以帶著警察來搜索扣押，還可以把台灣廠商董事長、總經理戴上手銬，帶回警察局偵訊。

長久以來，世界上先進國家都已不用刑事罪來處理專利案件，而我國的《專利法》自民國十八年訂有刑責後，一直以刑事案件來處理專利糾紛，非常落伍野蠻，國人卻不自知。當時馬英九當法務部長，我找他吃過便當，力陳專利刑責妨害科技產業發展，使台灣廠商面對外商控訴時，無法據理力爭；但馬英九聽不懂，不支持，於是我開始找立委遊說。這跟蓋高爾夫練習場不一樣，的確有點辛苦。後來努力了十八個月，總算在一九九二年刪去了發明專利的自由刑。以此為開端，又過了十年，台灣《專利法》才達到完全的除罪化。我創立了員工分紅配股，讓台灣可以到世界各地招募第一流的人才；廢止專利的刑責，讓台灣科技研發免除坐牢之憂；這可以算是兩項小小的貢獻。

徵地居民圍廠廣告，寫信表達不滿之始

我第一次在報紙上寫的公開信，是寫給二十多年前對竹科三期徵地不滿而來抗議的農民。他們抗議徵收金額太低，於是在竹科各重要出入口派很多人圍住，不讓園區上班族車輛進入。

那時局長薛香川找我，問我怎麼辦？我說我來辦。第二天我就登廣告，警告圍園區的那些人，強調：「意圖讓園區廠商不能上班，是一種擄人勒贖的行為，已經構成嚴重犯罪。」這個廣告上報以後，民眾就不敢圍大門了，跑去圍園區管理局，廠商也都恢復正常上班了。

聯電八E廠環評事件

大約是一九九九年或二〇〇〇年，新竹市環保局對我們八E廠罰款，說園區管理局開發那塊地之前，沒做環評；地方也有環保人士來圍廠。按理說，管理局已經把該地開發完成，請我們去設廠；而我們廠都蓋了，營運也已經蠻賺錢，那時一天賺一億元左右；管理局開發以前沒做環評，跟我們無關，我們是善意第三人，怎麼可以對我們罰款？我就去問環保署，環保署居然跟我說：「你們先停工再說吧！我說，這是什麼話？」

後來我們漸漸明白，這些事是新竹市政府蔡仁堅市長跟一些他的幕僚搞出來的，目的是想找廠商，要我們「樂捐」給一個所謂的市政建設基金會，開口要的是天文數字。

有些園區廠商勸我妥協妥協，大家捐點錢算了。我說：「我絕不妥協」。公司裡管工廠的主管說：「環保局要找麻煩，我們很難應付；因為法令不清楚，民鬥不過官」。我說：「你們有什麼好怕找麻煩的？」他回說：「你不知道，我們有些有毒化學品，來貨時要報預測用量，但因為良率起起伏伏，實際用量可能是有多有少，環保局就抓這個來找麻煩，指當時說要用這麼多沒用這麼多，或是用太多跑到哪裡去了，之類的挑毛病。」於是我決定用老招式，寫文章登廣告來應付。

聯電八E廠

那時有人跟園區廠商開會時提到，廠商只要配合捐款，罰單就可以處理。這樣的態度，讓我們有了訴求。於是我登廣告質問新竹環保局說：「如果是不應該罰的，就不該開罰單，既然開了罰單卻說可以撕掉，這當然是枉法胡來；變相勒索，與環保全不相干。」這篇廣告登出後，新竹市政府受到調查，一些所謂環保人士也立刻消失不見，這場糾紛於是平息了。

這些事情想起來蠻有意思。我常覺得，開發中國家在發展的路上，總有些崎嶇不平、坑坑洞洞；我們面臨坑洞，應該要設法填平它，這樣給後人方便，國家才能進步，如果我們只求獨善其身，設法繞過坑洞，那後面的人就還會受到這些坑洞的困擾，國家進步就慢。所以看到洞我總是會填它一填，不肯放棄原則。

二、起飛成長期

廣闢財源：辦教育訓練、任選址代表，為科技島奔波

第四、五屆理事長**孫弘**
現職：盟立自動化公司總裁

接任公會理事長的經過

我在園區同業公會最早參與是擔任理事，當了一任，我還記得當時的經濟日報記者李煜梓突然跑來訪問我，說聽說下一任理事長你有機會？我說「誰說的？不可能啊！」當時的理事長是曹興誠，聽說他做了兩任理事長，個人出了八百萬，我說：「我們公司剛成立，還在奮鬥中，那有可能像他這種手筆？」結果他就把我寫了登在經濟日報上面。

沒多久，曹興誠就打電話來問我，說：「你要不要來接理事長？」我說：「怎麼會想到我呢？我說我不可能，像你這種作法，我不可能」。他說：「啊！你不用緊張，現

園區公會第四、五屆理事長孫弘

在公會狀況不錯，你不需要捐錢了，你只要主持會議而已，沒什麼大事。」我說：「哪有哪麼簡單，他說就是啊！就勸進半天。」最後，我說：「好吧！接受提名，選選看。」我剛進園區，公司才成立四年，一九九三年三月底開公會召開會員大會，我四月就任理事長。

盟立成立之，備極艱辛

我們盟立是一九八九年三月開始成立營運，本來一次要把廠房蓋起來，但遇上經濟不景氣，董事會決定蓋一半廠房就好。我們在公司前挖了一個大坑，準備做地下室，但卻中途停止施工了，又卡在廠房部份已蓋好，但沒有全部完工，管理局就不給我這一半廠房部份的使用執照，沒有使用執照就不能做產權登記，沒有產權就不能做抵押貸款。

那時候，我為這事情很煩惱，當時的管理局副局長童兆勤來問我該怎麼解決，我說沒辦法，董事會不通過。我們董事會有官股、有工研院、經濟部，還有好幾個大的民營企業，他們也是說你暫緩一下建廠，公司還在虧損，資金周轉比較不容易。董事會就要我去跟局裡商量一下，局裡就先給我一半的使用執照，可以借款融資。

所以我們盟立剛進來時，算是竹科的草創期剛剛結束，正要進入快速成長期，廠商規模都不很大，互相會支援，廠商間比較容易建立革命感情。當年規模最大的公司是聯電，但大家仍辛苦經營，彼此相濡以沫。

分析理事長任內六年，公會通過的重大議案

做了個統計表，在我擔任公會理事長任內六年間通過的議案，專利保護是最重要的事情，因為面臨很多國外廠商來攻擊我們，曹興誠那時交給我理事長時就說：「專利最重要，一定要把專利事情解決」。所以我統計一下，我在任一九九三年到民國一九九九年初，這裡面有關專利的事情合計有二十二件，財稅相關有二十四件，進出口這種鎖碎的很多，法律相關的事情是三十二件。

園區公會討論的議案，稅務的比例很高，多半是稅率或是免稅相關的建議。記得一九九九年爆發一項稅務爭議，由於多年來園區廠商一直享有通用於所有產業的免稅條文，以及適用園區內部的投資抵減，一九九九年初國稅局要追索我們歷年的所得稅，差不多要十億新台幣，理由是說我們不可以同時享有獎勵及抵減，既享區外的獎投條例，又享區內的設備廠房的投資抵減。

國稅局的觀點是「你享受區內條例就不適用區外條例，享受區外就不可以享受區內」，且通知園區廠商要往前追溯四年補繳稅款。然而，這是國稅局的解釋，從竹科成立以來，廠商都適用兩套，國稅局也都核准了，表示合法。我們公會就出面與國稅局溝通，表示：「以前你們都同意了，每家公司都經過查稅等程序，為何卻在此時要我們額外補稅？」後來溝通順利，廠商們不用多補繳稅款。

公會的議案在稅務方面真的很多，還有「五四年免稅」改為「五五年免稅」，原先園區本來是區內「五四年免稅」，園區外是「五五年免稅」，我們就去爭取，要求一致。

廠商間薪資訊息，與公會開辦訓練課程

公會這期間，也成立了人力資源委員會，有些委員想要對各公司薪資達成協議，到最後也沒辦法，因為人才流動自由市場嘛，不能夠說同業建立相近水準薪資行情，不可能。因為有些產業　有些公司發展快需要人才，憲法也不容許你這樣做啊！

有段時期，人資委員們也在討論進行薪資調查，後來也停掉了，因為沒有意義。為什麼呢？因為你如何判斷這家公

園區公會第四、五屆理事長孫弘

司拿出來的薪水資料，是真正的資料？而且大家給的資料是名目薪資，但是非名目薪資很多，如獎金、福利，分紅等，那些金額統計不完，而且有些公司根本不願意都講出來，所以薪資調查進行十一年後，大家還是決定停辦。

我後來跟盟立的人資也說，現在調查薪資沒什麼太大意義，因為你用這金額數字招不到人，一定就調高薪資；如果工作職缺，一來五、六個應徵者，彼此條件差不多，其中一人願意接受的薪水比較低，那你絕對會用那個俗又大碗的，是不是？除非是要求薪資高的，是真材實料，那你就非用他不可，要不然大家一定是找一個比較謙卑的應徵者為優先考慮。

盟立自動化公司產品－車門頂水刀切割

我接掌公會後，加入會員的廠商漸增，但會費收入仍有限，我也與同仁研擬如何增加收入。我們規畫了許多訓練課程，開課報名人數很踴躍，公會收入漸增，也不用理事長自掏腰包了。那時我們開班收入不錯，是我任內開始執行，我跟曹典章總幹事說，要我捐錢是不太可能，但是我可以開闢財源，這麼多人要上訓練課，就趕快招人來上課。

還有，我們也代表廠商與管理局協調降管理費，

一九九四、一九九五年都出面。當時是宏碁提的，因為管理費是按著營業額收，但獲利率偏低，還要交同樣的管理費，所以他們希望降低。但是管理局也沒辦法，說園區管理條例沒辦法修改。

竹科爆發成長，開始往外縣市找地

大約是一九九三年開始，園區進入成長爆發期，廠商開始感受土地不夠了，是不是要允許區內廠商在區外設分公司？以前園區規定是說，你要在外面設分公司，就把總公司搬出去，園區變成分公司。那時大家就提問可否修改規定，還有局裡面很多建設都來不及，是否可以交付民營呢？所以那個時候，甚至有公司問，土地來不及開發，是不是就讓廠商自購？不過這些都被管理局否決了。

然後我們就呼籲修改管理條例，希望不要只限在新竹，後來才有台南、台中。廠商一直說土地不夠，因為向新竹縣收購三期土地失敗，就是靠近工研院那邊土地，縣長一直不合作，他把價格開得比新竹市還高。當時新竹市的三期土地已談好價格，市長童勝男還很氣，說：「我們先配合你管理局，要是縣收購土地價格比我們高，那我這市長怎麼幹？」後來廠商們才開始出現聲音，是不是在新竹以外再找地。

新竹這塊土地不夠了，必需另外找地開闢新的園區。這選地的過程我因擔任公會理事長，也被邀請加入，國科會組成選地的評估委員會，我是評審委員之一。所以當園區同業公會理事長，事情多的不得了，不是只主持會議而已。

南部科學園區選址的回顧

南科選址委員會中，我是廠商代表，另一位廠商代表是施振榮，有些學術界人士及工研院史欽泰。學界人士包括中山大學校長林基源，還有來自政大、台大、中興大學等校許多都市規畫的教授，由國科會召集。這時候的國科會主委是郭南宏，委員們推我擔任選地委員會的主委。選地目標就兩塊，一塊在台南新市，另一塊在高雄路竹。

選地是個大題目，過程很麻煩，各界一直有意見。你去現場一看，一定是台南佔優勢，不僅地比較大，且都是台糖的土地，路竹的中間還有夾雜民地，看起來徵收就比較麻煩，還有縱貫路穿過。

當時台南縣長陳唐山比較為我們著想一點，幫我們租了遊覽車，大家舒舒服服的看地。我覺得陳唐山是很會營造氣氛，把當地民眾都組織起來，歡迎我們，很有一套。到了高雄，我們是坐工程車去看地，在工程車上，施振榮、史欽泰跟我三人比較客氣，到後面腳上踏著車上的備胎，其它官員都坐前面，王金平坐在最前面。

其實大家看了也心知肚明，知道台南那塊地比較佔優勢。但不巧中國時報有位記者寫說：「南科用地已經內定了！」據說他是在廁所聽到這些委員在討論，我說：「哪有內定啊？我們是用票選的。」這個投票，你說絕對客觀是做不到，相對客觀可以做得到。

國科會主委郭南宏是台南人，所以有聲音說主委是偏台南的，總之支持高雄那方就在製造氣氛，認為我們已內定。投票表決的會議開完，大家都離開跑了，只剩我留下來說明投票結果，結果是七票贊成台南，一票高雄。結果公佈後，那些記者砲轟啊！我好像是被委員會推出去當箭靶。

評選結果出來，媒體一些報導砲轟我們委員會，吵了很久吵到監察院，我又被監察委員翟宗泉傳去，問我說你們怎麼評選的？我說投票啊！七比一，沒辦法，多數決，這當然客觀。每個人都有主觀，這些所有主觀加在一起就是客觀。

孫弘理事長參加科學園區選址（前排左一），前排左二是竹科局長薛香川

公會是廠商與政府溝通的管道

園區公會的重要性，我想拿一個例子比較。現在我的公司盟立在上海外高橋設廠，當地就沒有這樣的組織，所以有時遇到一些事情會覺得申訴無門；例如遇到那邊的海關有什麼問題，或是稅務單位跟我們意見不一致時，無處

可溝通。舉個最簡單例子，我們光是要自己能夠開發票，奮鬥了十幾年，二〇一一年才開始可以自行開發票，以前要去他們特定的地方請人代開。這在我們科學園區，問題不可能存在這麼久，一定會想法解決。

公會是個溝通的管道，也是一個督促公部門的常設單位，因為你跟行政單位溝通以後，他們會持續改進讓廠商永續經營，有個公設單位，可以持續跟局裡互動。局裡面也很需要這樣一個單位，可以做諮詢，或是提供意見。

我覺得在園區裡面，水電氣方面的問題，透過公會與水公司、電力公司溝通，往往都可有所改善。但在中國大陸，水電氣沒辦法直接溝通。中國大陸他有很多潛規則，很難捉摸，就算講了你也不知到他講的是真的還假的，還要到處去打聽真實性，「這樣可以嗎？行嗎？」

在我們這邊比較不會，公會也把規則表達很明確，還會請會計師、律師、相關專業人士去溝通。政府很多單位如台電、自來水公司、海關等，也是透過公會來做意見表達，是個溝通平台。例證之一，是園區的海關原本隸屬於北區海關之下，所以沒有什麼自主權，我們一直跟海關總署溝通，把園區海關地位提高，權限拉升，變成獨立的海關，幫他去溝通，很多年。

中科一些事務參與

中科選地我也參與一段，那時國科會副主委黃文雄打電話來說，中科要選地了，要找你擔任評估委員。我說我也不是理事長了，而且年紀也不同當年，已經與當初南科選地時不一樣的狀況，叫我爬高爬低，我覺有點吃力，他還是非要我做，於是我又被趕鴨子上架。

我參與選地不只這些，除台南、二林之外，還有苗栗選地。苗栗那次選地選的很麻煩，共有三塊，有兩塊地就是不太合適，大家最有興趣的是後龍那塊，但因為地主太多，不太合適，後來就硬推了銅鑼這塊地，根本不合適啊！大家都沒興趣，但竹南大家都同意。我應該是歷來科學園區同業公會理事長中，最認真參與公共事務的一位，常常被點名來抓公差。

廿周年慶童兆勤理事長（左二）頒獎給第四、五屆理事長孫弘（左三）

園區產業發展多元化，公會因應之道

現在科學園區已經成立三十多年了，我覺得現在跟早年的開拓期已經完全不一樣了。公會的角色，以前很多條文、法律的討論建議，現在也較少了。科學工業在整個國家財稅政策都改了，所以區內大型公司或初創公司的憂慮之事也不一樣。與我們初創時期也很不一樣，那時廠商規模差距沒那麼大，最早像許正勳的全友，或是曹興誠的聯電，那時大家都在奮鬥時期，營業規模並不會差太多。到我擔任理事長的時候，廠商規模距離已經拉大，現在則是完全的差異化。

大公司跟小公司的需求差很遠，完全不一樣，因此現在公會的角色，對大廠或對中小型廠服務的內容要不一樣。因為大廠他功能很完整，與公部門對話管道很暢通，所以不太需要公會太多意見轉達。但是畢竟大廠用到資源很多，一些基本支援體系，公會或許可在這方面可以支持他。反倒是中小型新進廠商，他的要求又與大廠不一樣，多半要土地、要廠房、要人才，需要新產品研發補助等等，這種方面是非常基本的需求。對公會來講，應該是對大廠或小廠的服務都要顧及，還是扮演著一個政府官員與廠商間的溝通平台，為什麼謝理事長三番兩次請馬總統及行政院院長、立法院院長來，舉辦座談等活動，也是希望暢通與廠商與公部門的對話。

以前園區在開拓期，管理局局長很多是已在科技界有些份量的人士，來開疆闢土，像何宜慈、李卓顯的年代，楊世緘也當過我們副局長。但是現在的局長比較像事務官了，因為是已經「如常營業」（business as usual），在整個國家產業發展定位中，科學園區已經不是放在第一優先順位，現在政府重視的是中堅產業，我經營的盟立有機會成為中堅產業這一類。其實中間產業也好，高科技產業也好，要相輔相成的，高科技也需要中間產業開發各種設備，降低成本，像LCD產業，我們也可以幫忙降低成本。

我當理事長時，管理局長是薛香川，那時候他及之前的局長在國外待的時間比較長，他們也認為要運用公會這張牌，來跟長官做溝通協調，是很好的平台。而且現在的局長也不好做，竹科局長因為屬於政務官，每次內閣改組有些風吹草動還要擔心，未來科技部要成立了，所以他的曝光度要提高一點。

二、拓點展業期

九二一大震：穩定水電供應 擘劃公會大樓興建案

第六屆理事長**曾繁城**
現任：台積電副董事長

只做一任理事長，找童兆勤接任

我只做了一屆同業公會理事長，老實講我那時剛接任台積電總經理，自己公司內部的事情就很多，但是還是很多園區朋友拱我去選理事長。在接理事長之前，我曾經在一九九三年開始擔任一屆公會常務理事。

那時候園區公會沒什麼人出來選，推薦誰，大家一看還可以，就讓他做了。我的任期屆滿時還幫忙找接任人選，我就想到童兆勤。我本來先找了謝其嘉，他那時不肯，說他要遊山玩水，後來童兆勤任期屆滿後他同意接手。童兆勤那時在園區有兩個身份，一個是翔準先進副董事長，一個是和喬執行長，我想找一個人可以接，不是什麼選舉的問題。童兆勤他開始也是推辭，後來他也願意，我說：沒什麼大事，你不要緊張。

為何我只擔任一屆公會理事長？老實講，公會是要服務園區內所有廠商，但是每次開會時，很多的理監事都沒來，老是我一個人當主席，但我又非去不可。久而久之，我說那你們都不來，但一旦有問題時，你們卻都各有意見，我不如讓給別人做吧！

任內最重大事件九二一地震

我是在一九九八年當選，一九九九年發生九二一地震，我的任內最大的事情就是九二一地震，尤其是災後廠商分配電力的問題。地震剛發生那幾天，天昏地暗，南部的輸配電線都壞掉了，南部的電都無法送到北部來，公會的相關委員會就持續開會，好像只有一些電力大概是從北部某個電廠來的。那時我印象最深的，就是有位以前的中部縣市長，反對在中部建輸配線電，結果害得地震以後竹科廠商沒有備用電力，大家都沒有電。

第六屆理事長曾繁城在廿周年慶致詞

於是公會開會，我就決定先安排各廠商分配有限的電力，不是說哪一家最大就先給哪一家，最重要是無塵室裡的爐管都破裂了，如果沒有氮氣是不行的。所以我們決定先把一些供電給聯華氣體，讓他們有電可以產生氮氣，再送氮氣給各廠，用來清爐管才能保持潔淨。萬一接觸了空氣，那無塵環境都被破壞了。再來就是潔淨室，因為潔淨室需要電量蠻大的，所以先給爐管用。

所以供電我就採取分電制，就說台積分多少，聯電、華邦分多少，這樣安排。分的過程還算順利，你看沒有人有牢騷。當然我們同時也去向當時行政院長蕭萬長，拜託他供電。我也聯絡台電當時總經理席時濟，拜託他「電你怎麼停都可以停，就是不要停到園區」。

那時一天開會頻率大約兩次，其實還好，公會有專門同仁在處理事情。我在台積電早上開完會，請副總們報告狀況，再決定各自職責，之後就離開辦公室了，反正那時候生產線全停，下午回來再review（檢查、審查）、看進度。公會大概也是這樣的情況，但復電及分配一定有專門的同仁或委員在做。

環評案

環評案那事我們許多理監事都被調查局找去問話，包括已過世的黃彥群副總。我與該案件的接觸，就是請縣市政府到公會理事會，請他們做簡報，之後我就沒接觸過了。

記得是縣市政府希望竹科廠商提供回饋金，大概多半是這樣來的，我說你要我們公會廠商贊助，希望能夠明列各項目，於是縣市長都帶團隊到公會簡報，之後我就較少出來講話。

印象中縣市長對於回饋，總是有個觀念，說園區道路這麼整齊、樹種那麼多，市區住宅很差，居住環境不好。但我們在園區上班也沒住在這，大家都住在市區啊！跟你縣市長住的環境差不多，只是工作環境好一點，那是整個園區跟公司裡面把它整理好，但同仁住園區裡的很少。他們以此為理由要求回饋，我覺得這不太公平。

決定公會大樓興建案

那時候，我是想要替公會找一個永久性的辦公場所，但是老實講，錢是不夠的。管理局也希望我們搬走，以前都寄住在管理局大樓裡，也不是自己地方，也不能增加太多編制人力。早期公會在局裡面，那時候園區廠商少，所以空間使用無所謂，後來廠商多了，也希望多開一點訓練班，但管理局那裡根本沒有地方可以用。

公會大樓位置的選擇，本來管理局希望我們在實驗中

曾繁城理事長（前排左二）主持公會會館動土典禮；（左一）是前任理事長孫弘，（左三）是科管局李界木局長

學旁保警中隊那個地方，但那地方我覺得不是太好，好像有個滯洪池，可使用面積小，選擇地點的過程我都參加。錢不夠的話，我們就先貸款，慢慢再還。財務方面，要感謝曹典章總幹事，他是蠻能夠支應的。慢慢的，這大樓就蓋起來。那時是規畫，大樓空間能找到分支機構承租，可負擔一部份貸款，所以後來，是勤業眾信會計師事務所承租剩下來的辦公空間，這樣子不無小補。

台積電當時對於往南部或中部建廠的考量

我在公會理事長任內，剛好也是台積在南科晶圓六廠初量產時期。當時南科的發展也有些不確定，最早我們是偏好中部，但是政府是先推南科才推中科，若我們真的想去中部設廠就要自己買地，但是自己買地衍生的後續問題較多。

其實后里最好的那些地我都去看過，那時候官方也是要我們先去買地。但我覺得第一是貴，第二是附近居民的需求，你看在后里設園區到現在還有些聲音。后里基地雖然有一部份是台糖的土地，但還是要徵收一些民間地。可以看到後來那些面板廠，許多程序手續都頗曲折。所以後來我的觀念就是，在台灣設廠，最好是在一個保護型的園區裡，如果在區外自己找地去建廠，很容易有許多衝突，就是要去跟人家周旋，這個很傷神。

任內頗多廢棄物處理事件

那時候，黃彥群副總在公會擔任常務理事，很多廠務、設施、水電，廢料處理等問題他都參與解決。那幾年最困難的事情，可能是廢溶劑處理。早年大家生產規模小，氟化鈣的處理量也較少，但後來半導體廠及面板廠漸增多，如果廢溶劑處理場一出問題，影響就很大。我們也曾研究許多廢溶劑的再利用技術，例如將氟化鈣拿去水泥廠，將其與

童兆勤理事長（右一）致贈獎牌感謝曾繁城理事長（左一）在任內對興建會館貢獻

重油混在一起做為助燃劑，這個也是黃彥群副總他參與解決的，當時我們還找中鋼，看看鍊鋼時「這個東西也可以，但中鋼也不太敢用。」

公會未來發展

公會三年理事長任內，坦白講，困難倒是沒什麼困難。有一年為了園區土地租金要調漲，我們就去管理局跟局長溝通，後來管理局那年就同意不調，但第二年還是調漲了，第一年的不漲價就是我們去協調出來的。

當理事長三年倒不覺得有什麼辛苦，一般性的工作交辦下去就能解決。只是每次覺得理監事會時，大部份人都不來，既然當了理監事又不來，那我覺得這個何必呢？尤其科學園區在那個時代，向政府要求的事情也比較少，沒那麼多，除了我們剛剛講的，體恤廠商、租金不要一直漲這種意見傳達，大概就是廢棄物處理方面，這是比較花心思的，因為這個是整個台灣的問題，不是只有科學園區，只要有生產單位就會有這種問題。

園區廠商的規模大小差異很大，未來同業公會要服務

曾繁城理事長代表公會參加竹科局員工診所民營化委託東元醫院簽約。中坐者是竹科局局長黃文雄，右邊是東元醫院黃忠山院長

的困難度高一點。小型的公司新進來資源又有限，他們需要幫助的地方也蠻多的，如果能幫助他們建立穩健腳步當然很好，若有天能成功那當然就更好；像我們進園區時，區內很多中小型創業公司，後來都不見了。

三、拓點展業期

財星高照：入會率高、會館落成 中、南科設辦事處

第七、八屆理事長**童兆勤**
現任：翔準光罩副董事長

曾理事長任內蓋公會大樓值得表揚

在園區公會歷屆理事長中，大部份都是創業的公司負責人，但我的身份是專業經理人，與前幾位老闆不太一樣。我的前一屆理事長是台積電曾繁城副董事長，應該是他推薦我接任；或許他們那時覺得我大概不會惹事生非，所以找我接手。曾理事長對公會做的最重要好事，就是蓋了那棟公會大樓，這樁事值得大大表揚。

增設兩席副理事長

早年大家都以竹科為中心，在我任理事長期間，覺得南科及中科的廠商們開始漸成

氣候了，公會理監事會該為中科、南科增設更高層級代表，若老是請他們來開會，但是一副人家好像低人一等的溝通方式，這樣不行，所以起碼先從副理事長開始增設；現在有兩位副理事長，我覺得是蠻好的。

目前副理事長一位是中科和大工業董事長沈國榮，我覺得蠻有意思，他對事情講得蠻有道理，跟他講問題，剖析得很清楚，這些人我覺得都有幫助；他是馬英九的中學同學。另一位來自南科的陽光阿姨直得科技陳麗芬董事長，個性是很積極，我想她是很有理想，出來做公益。

園區公會第七、八屆理事長童兆勤

這些人我覺得都對公會有幫助，因為公會這邊沒什麼利益可圖。科學園區同業公會跟所有其他公會有個很大差別，我們不太利用這個公會做公關，也就是說，我們不太利用這個公會經費，做一些與業務無關的活動。你看許多大型公會，常常去國外哪裡訪問，訪問團一下就幾十人，都是公會出錢，我們很少做這樣的事情。近年還偶爾有幾次訪問大陸，但我們很少做這樣事情。

所以到這個公會來，就是去服務這個園區的公司，這是這麼多年來的傳統，一直沒有變過。我卸任後，謝其嘉接手理事長，那時許多人去請他接，我應該算一個吧！我想不是我個人，就是大家一起去說服他，問他有沒有興趣，我覺得他這人比較熱心，公會最怕就是不熱心。他上任後，做得很積極，已經快變成全職的理事長。

和艦案主動辦記者會挺聯電

和艦這事，其實講出來也不值什麼錢，那時有人想幫老曹（曹興誠）解決晶圓廠在大陸的問題，就去接觸一位中間人，但中間人獅子開大口，老曹不吃這一套拒絕了，馬上就開始被兵分十路去搜索聯電，那然後還把和艦總經理徐建華限制出境。

那時孫弘是公會監事長，我跟孫弘兩個人討論聯電被搜索，我說：「這不行，太離譜了！」所以我們就決定公會要開個開記者會，出來講這個事情，表達「怎麼可以把我們出去打拼的兄弟，當成仇寇」，這個事我沒跟老宣、老曹講。

記者會那天，很絕的是正在會議時，老宣來個電話，他不知道我們正在辦記者會，他的意思就是說：「這個公會要講講話」，我說：「我們正在講話啊！」，他說：「真的嗎？」真的很巧，他沒想到我們公會還蠻積極挺他們，沒跟他們打招呼，就先開記者會表達立場。

我覺得這個事情，對園區裡的公司來講，是公會應該要表達的立場，這樣搜索太離譜了，你到底犯了多大罪啊？你能夠有一個子弟出去攻城掠地，好不容易搶下一塊市場來，我覺得你政府應該高興啊！現在這種科技產業，什麼十二吋晶圓或八吋晶圓的製造技術，政府要扣住，是要怎麼扣啊？你最好是搶他的市場，把市場及技術搶到自己手裡來，那才有用。你說現在大陸再怎麼恨美國，也不會完全不用美國出來的產品啊！日本也一樣，那我們也不能鎖國鎖成這個德性，實在有點離

2005年度第八屆理監事會，童兆勤理事長頒獎給委員會召集人

譜。但一般民眾不知道，反而易生科技廠商這樣賣國之類的評語。

在這事件後，我們也持續與政府單位溝通，就是希望工業局在審這些技術的移出時，哪些是應該正面表列，哪些是負面表列，要仔細想想。當然，我們只能把問題提出來，早些能夠去搶個市場。唉！當時國家居然把在外打拼的廠商當仇人一樣，這像話嗎？這是一個觀念的錯誤，應該給他子彈都來不及。

委員會是公會的靈魂

前一屆理事長曾繁城曾經說：「理監事會出席不太踴躍，讓他較沒有辦法去續任理事長。」我也曾跟公會張致遠秘書長說：「其實要有點大公司的高階主管參與一下。」大家都覺得公會做這麼久，也許是做的太好、太平順，因為有那麼多委員會，這些委員會其實幫了公會及各廠商很多忙。我在公會，水電供應到底有什麼問題？找他們來，清清楚楚；今天系統上有什麼問題，哪個公司有什麼問題，環保應該怎麼解決問題，問他們最清楚。

所以我們公會裡的這些委員會，將廠商的權益掌握得很好，這個都是各公司貢獻出來的專業人士，集合他們的力量來做；那現在比較欠缺的是高階經理人，願意出來當理監事。這跟公會剛開始不太一樣，剛開始理監事好像都是一時之選，現在也難怪曾繁城有這種感覺，覺得理監事出席不踴躍。你說我有沒有同樣感覺？我也有，但是我要耐著性子，也無法強迫人家來開會。

選理監事，或許要從另一個角度來看，有些人是想在園區出個名。我幾年前還碰過這種壓力，還透過民意代表來跟我講，說他想當常務理事，其實他能夠選上候補理事已經很不錯，這有什麼辦法？我又不能保他當常務理事，那人家要看他有沒有聲望？

我還是強調，委員會是公會裡面最強的一塊，這些委員們盡心盡力、任勞任怨，老實說我都想聘用他們。有什麼樣共同的議題，他們都會來參與討論，其實有很多公司都是沾了這些員工來參與委員會的光，而得到好處，他們可能自己都不知道。你說電的解決，哪有那麼簡單？台電如鐵板一塊。總之委員會在公會絕對是靈魂，是不是從我當理事長開始我不確定，但我任內每年年終一定要表揚這

童兆勤理事長在工安環保月頒獎給小朋友

些委員們，想辦法鼓勵他們，做這些服務同業的事情，我覺得公會真正厲害是他們這些角色，把每個環節的問題搞得很清楚，真正遇到什麼事，一問就知道接下去要做什麼，舉凡環保、隨水徵收等事件，皆是他們參與的事件。

童兆勤理事長廿周年慶頒獎給聯電敖景山總長

公會與六大工商團體之異

我在公會任內，大陸關係沒有什麼進展，因為當時政府視科學園區是大陸人不該來的地方，其實是不准，真的不准來。所以我們去跟人家訪問，是不被鼓勵的。後來慢慢鬆了，其實也沒鬆到哪去。大陸人士來了，其實就是到公會，我們等於在掩護著管理局來到公會，我們對這些人士做個一般性簡報，他們大多也搞不清楚這到底是科學園區哪個單位在接待。所以公會做了很多掩護管理局匍匐前進的事情，他們來大家都是看表面，看不清楚。

說起來呢，國內六大公會，我們園區公會不列在其中，就是說我們不做太多對外關係，不去爭這些排名，但你要講產值，你要講裡面企業的技術含量、資金需求、國外名氣之類的條件，去美國問問，誰知道工業總會是誰啊？你去問外國科技業者Hsinchu Science Park每個人都知道，影響力相較之下差太遠了。政府完全忽略了這麼大一塊資產，可以做對外關係的資產。

四、應變創新期

合縱連橫：拔高公會能見度、爭廠商權益，擴大影響力

第九、十屆理事長**謝其嘉**
現職：台揚科技董事長

台灣科學工業園區同業公會為科技產業發聲

二〇一二年七月十四日，總統馬英九與北中南科學園區廠商代表在公會會本部座談，與會代表提出真切建言，亟盼台灣經濟走出悶葫蘆。

這是繼二〇〇八年金融風暴之後，全球再一次的經濟危機；本人邀請國家元首與產業代表面對面座談。

這場座談出席代表多屬公會理監事與會員，對總統直言不諱；盟立自動化總裁孫弘批政府近幾年的產業政策，好像「把企業口袋裡的子彈一個個拿掉」，從股票分紅費用化到證所稅，不僅影響資本市場，好的人才也留不住，折損產業競爭力。他還說，面對

韓國強勢作風與大陸崛起，台灣科技業競爭壓力愈來愈大，在相對誘因不足下，人才留不住還外流，「這是科技業最大的痛」。

孫弘說，過去最吸引人的股票分紅，是因廠商為了營運所需，不可能給太多現金；以前可以留住人才的「股票選擇權」，現在分紅，股票需繳稅，又有證所稅、證交稅的問題，「股票送人，人家都不要」。台灣科技產業人才「激勵工具」少了，投資環境又不佳，資金不願進來，創新自然少，惡性循環下，整體競爭力堪慮。

台積電資深副總何麗梅對財政部擬對法人最低稅率調高到百分之十二，認為似乎欠妥適，台積電因此需要繳交超過卅億元的所得稅，宏達電也會增繳廿億元，對投資人、股價與台灣資本市場相當不利。

我也提到，韓國因應景氣，大幅降息、韓圓同步貶值；韓國匯率最近貶百分之十到廿，台灣僅百分之二點三，韓圓對美元貶百分之一點二，台灣僅百分之零點零七，同樣成本產品，台灣必須賣比別人貴十幾倍，怎麼競爭？

我認為，匯率政策應該與產業競爭力掛勾，否則，大廠獲利削弱，毛利低的廠商根本撐不住。這項會議邀請新

園區公會第九、十屆理事長謝其嘉

竹、中部及南部科學園區廠商代表與會，馬總統答覆所有建言會請相關部會仔細記錄，二〇一一年十月一日理監事代表再到總統府面對面座談。

時間再往前移，二〇一〇年八月中科三期因環評爭議停工，公會再次發聲呼籲馬英九總統出面召集相關部會，盡速提出解決方案；公會認為，停工裁定已引起寒蟬效應，既影響政府威信，也打擊海內外投資者信心；馬總統連日不斷致電行政部門，

台灣科學工業園區科學工業同業公會與台北市電腦公會聯合舉辦「台灣經濟向前行記者會」；參與人員包括（右起）台北市電腦公會監事會召集人宣明智、台灣科學工業園區科學工業同業公會謝其嘉理事長、台北市電腦公會王振堂理事長、台灣科學工業園區科學工業同業公會常務理事陳有諒、台北市電腦公會常務理事童子賢

要求妥善處理中科爭議，依法行政之外也要依法保護廠商的利益。

二〇〇八年全球金融風暴，景氣大挫，公會二〇〇九年一月邀請馬英九總統與廠商代表座談，會中提出十四項緊急建言，經過半年，其中七項已經解決。

愛盟革命情感，回國創業

當初為什麼想回國創業？是我逼王華燕回來的，我是發起人，因為我們家情況特殊，我家「書記（老婆大人）」沈蔚芸比我早畢業，在美國做事很久，生了第一個小鬼，她有個想法：「我們不能養個老美」；其時之前已經有點想帶小孩子回來念書，不過因為中文太難念，英文很容易，遲未決定，但大約在一九八一至一九八二年間，美國高科技產業不景氣，所以我們想與其刀子殺到我們頭上（大概不會啦！那時我們都滿資深），不如早點回國效力。

當時高科技在台灣還是一片空白，清華、交大、台大畢業生除了出國之外，國內出路不多，但也有很多電子工程師很棒的；我們回來確實是滿正確的。我跟王華燕都在灣區，當時有愛盟組織，我們是早期成員，在舊金山打拚十年吧！愛盟每年都有多次集會，大家各有立場，其中一邊藍的、一邊是台獨的、一邊是紅的。

愛盟主要是台灣海工會支持，我們兩個那時是同行，王華燕應比我大五歲，他念台大外文系，跟白先勇同班，到美國改念電機，我們跟他講：「你是因為文筆比不上同學，所以改行。」他跟白先勇的家庭背景滿接近的，白先勇老爸是軍人，王華燕的爸爸王潔是警備副司令，王清章是他叔叔，他老爸撤退時是守四行倉庫的。

在美國工作那些年，白天大家都在老外公司上班，周五、周六就聚一起，十幾、二十人到人家家裡，坐下來你是紅的、你是綠的、你是藍的，開始抬槓；哇！罵到幾乎要打起來，因為早年去美國的左傾比台獨還多。不曉得為什麼？我也很奇怪，早年我們在台大的時候，也不是乖乖牌，有做社團活動、搞協會，不會參加什麼小組、會議，黨都沒入過，而且被警告過很多次，因為被檢舉聽大陸廣播；其實，我們是聽合唱，台灣廣播多半是打倒倭寇反共產，差太遠了。當然，我們也有聽他們講話，但起碼有判斷力，他講那一套我們聽了也不會太相信，那時台灣許多熱血青年，在校園都是中華民國萬歲！三民主義萬歲！大喊大叫，一到美國，下飛機人家給他一本書，最紅大概是《金陵春夢》。「啊～原來蔣介石這麼壞啊！所以聚會互罵。」

我跟他們說，我們在台灣時，也沒有覺得蔣介石是神、蔣經國是神，他就是當權者，好也好不到那裡去，壞也壞不到那裡去，有好的也有壞的地方，你不要覺得你好像被騙，是你自己沒有判斷力，那時就吵啊吵，台獨罵中國豬，但很有意思是，吵一個晚上不會有結果，還問：「下一次什麼時候碰頭？」

最好笑是每年雙十國慶或什麼國慶，大家一起去遊行，搖旗吶喊，兩個隊伍碰上了，搞不好就要打架了，兩邊又丟石頭又怎樣；但碰到老同學又馬上又喊：「老李啊！下禮拜麻將不要遲到啦！我知道啦～」老美警察經常說不懂你們在搞什麼鬼？我說，我們只是發表意見，他喜歡蔣介石、我們不喜歡蔣介石，其實憑良心講，當時台灣教育失敗嘛，因為有很多人太相信政府，出去覺得受騙了，反而像我們這些壞學生，老師講什麼我們會覺得真的嗎？我們一大票調皮搗蛋的，出國沒聽過那個是台獨的，就這麼回事嘛。

那時我在美國念完書，做了十七、八年工作，就因為參加愛盟，生活就比較多彩多姿；記得那時在美國大家追求三P：一綠卡、一是PHD、三是買房子；完了，就是打麻將，滿過癮的。

還有趣事是，半夜到中國城貼標語，那時貼標語是犯法的，有人教我們怎麼貼；這事不容易，要戴橡皮手套、漿糊一大桶，手伸進去；「趴！」另外一個人馬上把紙黏上去，而且一定要貼好，才不會很容易被撕掉，我們通常利用晚上，先吃喝聊天到快十二點半了，可以啦！便開始貼、貼、貼，貼到兩、三點回去睡覺，第二天還上班了。

我那時召集八個在灣區的台灣同學，也都是同行的，一吆喝大家都有同感，一起回國創業；我們是真正的海歸派，回台灣帶著兩百元美金，把美國房子押了合力籌設起來。

那時竹科第一間廠是頻率科技，後來是全友、聯電、大王等；早期還有康大、福祿遠東、台灣自動化、王安、奎茂等，奎茂後來給聯電一廠買走了。我們台揚等於是公會贊助廠商之一，跟聯電、全友大家一起，我記得最早公會完全沒有錢，連曹總幹事也領不到薪水，最早是全友出的，後來聯電出，因為那時收不到什麼會費，有今天的規模，真的很不容易。

我擔任公會理監事很早了，三十年前，從第一屆開始，許正勳時代就開始擔任監事，後來一直當理事，常務理事也很久，從第一屆的老許到老曹、孫弘、曾繁城、童兆勤；其實，從老曹以後，他們都希望我出來，但那時候公司太忙，翅膀還很軟，要常跑國外，根本不可能接這個位置，但老曹強烈要求，我說：「不可能啦！」後來實在不行，就把孫弘拱出來，孫弘任滿後，老曹又要找我，還是不行，因為還是太忙，而且那時候台積電來找我很多次，台積電黃彥群滿誠懇的來找我，推薦曾繁城，我說：「沒問題！」

關心國家地方事，地位遠勝六大工商團體

我接任公會理事長之後，是第一個拜訪台積電董事長張忠謀的公會理事長，Morris（張忠謀）儘管對公會理監事不感興趣，但一向支持公會；那時候跟秘書長張致遠一起去看他，好歹去拜拜碼頭，公會會費一大部分都是他們家的，不管如何，都是最大支持者，而且台積電一直都很支持公會，譬如派專業委員召集人，從來沒有任何猶豫，三十

年來非常盡責，那天跟張致遠去拜見張董事長，他很客氣，竟一約就答應。

去了坐下來，張董第一句話說：「你是有始以來第一個理事長來找我的！」我說：「不會吧！」，「真的」他說。我說：「曾繁城總找過你吧！」他回說：「曾繁城做過？」；「當然啦！」不過，他說：「曾繁城就不用來找我吧！」

張董很客氣，到底是成功的事業家，絕對不浪費時間，直言「你們來找我有什麼事情？」張致遠表示，我們來只是幫邱鏡淳（新竹縣長）台灣燈會的事情請大老支持；他一秒鐘未思索就說：「我支持」；他同時也支持新竹市的天燈館，也贊助不少經費。

張忠謀了解公會運作後，比較在意的是為何公會未列入所謂的六大工商團體，其實以前是三大，後來阿扁上台是五大，現在變六大；那時候有幾位公會代表去拜訪陳水扁，之後大家也懶得改，就這麼樣形成了六大工商團體；其實對高科技產業的實質影響力，其他公協會怎麼跟園區公會比？但沒辦法，政府有什麼事就找六大工商團體，我們問了工總幾次，覺得他們很為難也很難改變，因為並沒什麼地方明文規定設六大工商團體。

我後來覺得這也無所謂，園區公會能見度很高，這些

2011年10月29日謝其嘉理事長參與中科高階主管聯誼會活動

年來確實是覺得自己很滿足，就像工總、電電公會他們是去拜見行政院長、拜見王金平，但是我們只要有邀請，幾位長官也願意親自到科學園區。你看，連志工論壇副總統都來，立法院王金平院長也參加實中（新竹實驗中學）體育館動土，最近還來竹科演講，在南科王院長也跟我們座談；吳敦義跟我們更熟，只要碰到面都是「其嘉前、其嘉後」的叫。

台灣的六大工商團體分別是：工業總會、中華民國全國商業總會、中華民國工商協進會、台灣電機電子工業同業工會、社團法人中華民國全國中小企業總會、中華民國工業協進會。

我相信國科會現任主委朱敬一也都不同意竹科連六大都擠不上。以前問過工總，行政院也說所謂六大不是我們選出來的，到最後大家都推到扁那裡；其實，我們有跟馬英九提過，馬總統看法滿好玩，他笑笑跟我說：「你請我們都來了！」意思是很重視園區。

公會管大小事，推進台灣產業與經濟發展

擔任公會理監事多年，我認為曹興誠爭取專利免刑責

謝其嘉理事長（右）與公會環保委員會總召集人丁立文，一起出席工總召開的環保署長與工商團體負責人座談，為園區環保問題發聲

案，造福園區、造福全國。以前很惡劣的，只要我覺得你有仿冒侵佔我的專利權，法院就查驗、假扣押多少錢；譬如說我寫五千萬，刑事警察馬上先把董事長關起來，因為有刑責，專利糾紛台灣發生很多次，尤其是國外半導體廠商，如果一說你有侵佔他專利權，他看案子大小給個押金，馬上就假扣押；問題是，若董事長被關起來後，公司連薪水都發不出來，因為他要蓋章嘛！經過曹董與公會爭取，立法院很多立委也幫忙，把刑事責任拿走，這個很重要。

祕書長張致遠那時也辛苦，就是協助處理環保工安問題，如園區電路板等廢棄物，新竹市環保局長劉家鈞不給出區，那時一天三點六噸垃圾，不給出去不到五天，已經堆到兩層樓高；另外，要求所有垃圾車要裝衛星定位，讓他們知道垃圾丟那裡不會跑掉。我們問：「車上放什麼你看得出來嗎？」他說：「已決定，硬要衛星定位，不裝就不給出去。」

園區實驗中學的設置也經過許多波折，當初討論抽不抽籤問題鬧得很久。園區實中設立的目的是吸引海外人才回國投資。大約是一九八三至一九八四年，「鬼都不來」；我兒子那時是三個年級一個班，因為國中部沒有學生，那時住在「科學園區竹村」的家庭加起來也不到二十戶，後來滿感動是，毛高文（曾任教育部長）硬把他女兒送進來，她應該是考上竹女的；後來跟我兒子一班是李家同（曾任國立暨南國際大

2013年7月16日王金平院長至園區演講，謝其嘉理事長致贈獎牌表達感謝

學校長）的女兒。

實驗中學剛開辦時，管理局說：「這學校沒人來念怎麼辦？」那時做夢都沒想到會像現在這麼熱門。所以根本沒想清楚，後來讓食品研究所、中山科學院、工研院、清大、交大，甚至是外交官子弟都可以入學，「就差沒在馬路上找人」。之後學校辦出成績，人滿為患，有一段時間甚至還要勞駕監察院來查入學是否公平。如果一開始就確定園區子弟優先，人家也沒話說，後來大家找新竹科學園區副局長楊世緘談，唯一底線是住園區裡面的員工子弟，不須抽籤，抽不到就要跑到外面讀書；結果園區宿舍馬上就爆掉了。講到園區宿舍，「開始真的可憐」；科管局建管組一直叫我們租兩間算了，租金便宜，一個月兩萬多元，但租兩間房子八十坪幹什麼？那時因竹村裡面太空了。

很好笑的是，一談到實中的事情時，公會召開理監事會時「哇！全員集合」，可以點名從A～Z，沒人不到；因為都是家裡太太說：「你一定要去，所以像曹興誠、宣明智等人，點名通通到。」

積極拉近科學園區與社區關係

我太太沈蔚芸熱心公益，從實中家長會長到蕙竹社長，到實中當溫馨媽媽、在清大藝術中心擔任藝術志工，還到李家同的愛盲基金會念故事書、做錄音帶，送給盲人，號召許多竹科人另一半，參與蔚為風氣。

現在，竹科從台積電，聯電，智邦，中強光電、旺宏等大大小小廠商，都設有志工社團，從事社會服務工作，也是台灣社會向上提升的重要正向力量。

二〇〇八年，老宣等親朋好友都說：「差不多了吧！」之後我也跟我們家書記報備了，書記說：「不管你了」；想想也差不多該為大家服務了，當然，台揚多半事情已交給年輕一輩了。

我將近有一半時間花在公會上，我來得稍微多一點，也積極拜訪科學園區周邊相關縣市首長建立良好關係；像是交通部長到新竹市視察也去拜訪，也拜訪新竹縣長、市長，人到了南科就拜訪台南市長賴清德、顏副市長，還有台中的古月胡（胡志強）也是好朋友；我們去台中很多

謝理事長（右二）與楊局長（右三）及沈副理事長（右四）與張祕書長共同拜訪台中市胡市長

次，跟胡志強非常友善，因為中科那時有二林、后里的事，我們跟台中市政府溝通很久。

跟胡修好有淵源；我上任後，聽說胡永遠不進中科，只因以前有一些過節，就是他競選時，中科不曉得什麼理由，不歡迎他去、還是什麼⋯。我上任後覺得這一定要破冰，就找胡好幾次，並強烈要求，後來他到中科演講、座談，現在溝通良好。

我也會找機會到南科，因南科我還是一、兩家公司的董事，有董事會就去，跟南科管理局長、副市長聊天；公會南科陳麗芬副理事長（陽光阿姨）有個辦趴場所，在住宅區，也請市長、局長去，因此這幾年跟中科、南科、竹科地方關係有滿多互動。只可惜，那回到高雄找市長陳菊，她背痛住了院，但兩個副市長來招待我們滿好，還介紹我們去買超貴的麵包，「我一個人買了六千元」，因為聽說好多朋友搶著要。

這一屆理監事會值得一提是，以前公會從來沒有請過國家元首，那時像陳水扁總統、李登輝總統會到個別廠商，但是針對公會來的，我印象中好像沒有，這一點值得記一筆；除了馬英九總統之外，吳敦義副總統來更多，前副總統蕭萬長、立法院長王金平也來；我認為，這幾年政府首長來園區比以前是多太多，我回憶在馬英九以前，園區廠商也好、我個人也好，對於選總統的參與並不是那麼多，但馬英九第一次選時，園區反應倒是挺熱的。

營造開放自由環境，吸引年輕人創業

我覺得科學產業發展到一個程度，公會的代表性就愈來愈明顯了；以前還沒這麼大關係，現在公會有這麼多專業委員會，從水電、工安環保到志工，把每家公司能做的事情連貫起來，對國家科技產業發展與就業員工都有很大的影響，特別最近秘書長規畫了系列專題演講，邀請工業技術研究院董事長蔡清彥、王金平、中華電信總經理等跨領域人才演講，傳授經驗可以給更多年輕人一些啟發。

中國移動公司副總裁沙家躍來訪，與謝其嘉理事長互贈紀念品

我們常想：「為什麼不把科學園區塑造成愈接近矽谷愈好？」這是很重要的事情，我們做世界科學園區評鑑，不管怎麼樣，新竹園區都在前兩名內，所以如何讓竹科經驗再擴散應該是下一階段的任務，因為整個國家大環境並不太好。

很多年輕人喜歡到矽谷，因為除了專業領域，還有機會參加各種各樣的演講會、訓練班，學習不同科技、不同技巧，也有全世界最著名的人來講創新，矽谷會產出apple、google、facebook、yahoo等企業，應該不是偶然的，因太多人想去那邊，凝聚各地人才。

展望園區，我希望新竹科學園區變成未來的矽谷，我們講了這麼久，但事實上還差滿遠。你看，世界重要發明百分之八十、九十都是矽谷出來的，我們常想什時候我們也可以有apple、facebook、yahoo、GPS，或弄出一個Intel；英特爾可能較接近，但台積電還只是以生產為主，英特爾是世界IC領先企業。

我們都期望塑造一個環境，讓更多年輕人願意到園區上班，因為它有了凝聚力；很多人以為薪水高就可以吸引人，其實薪水高不見得會吸引到年輕人；我以前在美國念完書，考察我們這一行什麼地方薪水高，結果是阿拉斯加，幾乎可以拿到灣區兩倍的薪水。但在灣區，有很多人鼓勵創新、鼓勵創業，還有很多文創，因灣區音樂藝術也很多元，有自由思想；舊金山、柏克萊本身就有自由氛圍，年輕人覺得開闊、有凝聚力。

說到投資環境，我希望有朝一日，竹科起碼能接近在矽谷的環境；放眼全世界，老實說幾乎找到不第二個矽谷，你說日本、德國科技都先進，但德國、日本也沒年輕人弄出臉書或谷歌，所以我很好奇到灣區看，發現當地的年輕人幹什麼都行。但年輕人有此

公會幹部和科管局長官清晨六點在零下廿度上長城呼口號；自左而右分別是郭坤明副局長、謝其嘉理事長、盧超群理事、張致遠祕書長、吳俊福監事、林威呈副局長

志願也還不夠，要周圍有人支持你；在台灣半開玩笑找創投來問，如果臉書那些小鬼來問創投大概會投資多少啊？創投可能會說：「一毛錢」，就是這樣。更可怕是，谷歌那兩個小鬼說，給我一筆錢，我幫你打敗雅虎，多數人可能會說：「你可能喝醉酒了！」但為什麼在灣區就有人支持他們，這點台灣真的要思考。

以新竹來說，很多條件相當接近矽谷，有清大、交大，還有工研院、科學園區，在舊金山灣區，有史丹福、柏克萊，中間有工業區，所以我想應該有辦法朝那方向去進行。有一點可以肯定不是教育問題，因為這幾個創辦人大學沒畢業，而且當中還有很多是中國人，但是因為他們在美國，才有機會。

最好例子是高錕（諾貝爾物理獎得主）；他如果在香港或台灣，他告訴別人可以用釣魚線接很多電話，人家會說他神經病，但他想到的卻是光纖通訊。此外，衛星導航也是台灣出去的，這個人是第一個將衛星導航商業化；當時美國一個叫Crekmaco說：「我做了蜂巢電話，將來可人手一機」，而聽到這句話的人可能會說他是神經病，因為我們滿街都是公共電話。那時候行動電話很大支，但最後，還是有美國公司投資；諸如此類的例子不勝枚舉。我的理事長任期將於二〇一四年三月結束，感謝過去參與園區建設與公會活動的各方好友、長官與公會幹部；期望未來對於廠商的服務，更能從與政府合作、促進投資環境、鼓勵創新，進而協助廠商拓展商機。

精機龍頭：金融海嘯，提三挺政策助廠商度難關

園區公會中科副理事長**沈國榮**
和大高鋒集團總裁

中科啟始

二〇〇三年，中科就開始招商，其實那時候我們和大工業已經看準中科這個地方，所以可以說是第一期招商我們就進來劃地。那時候負責招商的是中科籌備處，還有這基地橫跨縣的台中縣大雅鄉（現改為台中市大雅區）與台中市西屯區，所以那時台中縣市政府的工商部門也都在招商單位裡面。籌備處主導是竹科派來、現在為中科管理局副局長的郭坤明，至於楊文科局長是在成立以後派來的，而陳銘煌副局長也稍晚才來，現在的郭副局長當時則是主祕。

和大進駐中科歷程

和大在台中大里區創業至今（二○一三年）已四十八年；我們兩家公司：和大工業與高鋒工業是同時申請入中科，和大先完成建廠，高鋒較晚。現在大里的廠房還是維持生產，二○○二年以前，和大年成長率大約是百分之二十，二○○二年的營業額大概是二十億元，那時大里廠做到二十億元，產能已經是九成滿了，稼動率也九成了，所以一定要找土地擴廠，評估後認為中科非常恰當，所以一開始就登記了。

科學園區同業公會副理事事長沈國榮（和大高鋒集團總裁）

申請入中科後，我們就籌備設廠，規畫申請建照等，一直到二○○六年底就完成中科這個生產線。現在生產畫分為兩邊，屬於齒輪類留在大里，軸承類產品就移到中科，分成兩個地方來生產。現在大里廠產能還是每年二十二億元左右，但大里廠現在成長到這階段，產能還是不夠，客戶單子越來越多，所以大概在二○一三年六月，大里廠準備要舊廠翻新，因為將舊廠部份較老舊生產線翻新後，會多一千坪的作業區產能，大概可以做到卅億元。在二○一三年農曆年左右投產。

至於中科這個廠，一開始我們就設定產能在卅億元，但那時申請建廠用地，不是要多少就給多少，因為僧多粥少，例如申請五公頃地，就給二公頃半；所以那時候我們（和大）與高鋒，共向管理局申請六公頃土地，他給我們三公頃多一點點。當時大家都在搶地，郭主祕也很頭大，廠商們就折衷一下。

其中特別的是台積電這塊地，從一開始就留給他們了。招商期間台積電就表達要來設廠，好多批主管都來看過地，所以那塊地就保留在那，大概有十五公頃左右。除非台積電有天說放棄中科投資，不過後來很順利的台積開始進駐建廠，這是中科台中園區最後一塊大型建廠用地。

這中間有一些公司已經申請到廠房，卻沒有進駐，現在很多人在等待他們，但這些公司還沒說要轉讓。沒進駐的部分原因，可能是原舊廠（位在工業區，或其他偏遠縣轄區）所在地的員工沒有遷移的意願。

參與公會因緣

我與公會結緣蠻久了。二〇〇三年大家就開始進駐，我們是二〇〇六年開始營運；那時候，公會通知中科廠商必需開始加入公會，於是我們就加入成為會員。當時，南科已經運作了許多年，公會既然安排了南科有副理事長，中科也會有位副理事長。當然南科、中科也同時有理監事、常務理事席次，是依照參加廠商的員額來分配。

最初參與公會事務，我是擔任理事，那時中科常務理事只有一位，現在有兩位。因為慢慢加入的廠商多了，代表中科的常務理事就兼副理事長；當時副理事長是優生製藥陳仁貴董事長，他任職大概一年多就身體微恙，調養後略有起色，但不久又惡化，二○○七年底不幸辭世。二○○八年三月份理監事會議，副理事長出缺，所以我就獲得補選為常務理事，擔任副理事長到現在；那年是童兆勤擔任理事長的時候。

中科成立最晚，參與公會運作、加入公會也晚。我們成立時竹科已二十二年，南科已九年；中科剛加入，好像是新生入學，很多需要協助，那時候公會設中區辦公室，也有代理處長，他們與我都合作愉快。

同業公會於金融海嘯時建議請總統前來溝通

中科在建置過程中，經歷了很多挑戰，剛開始就是后里園區，不但是對外聯絡道路問題，還有放流水問題，這些都讓中科二期非常不順。尤其那時候放流管還沒有通過環評，就一直不能放流。讓我們最困擾的就是，友達已經

和大工業廠房全景

開始建廠，也已經開始機械設備進廠，但居然因為放流管沒通過環評，位於后里七星園區的友達廠無法開工營業

因為那時候有行政訴訟的案子在進行，一度被判「禁止建廠」，所以已經正在建的廠也不能繼續施工，要等環評全部通過，這個問題就大了。人家設備廠房都快好了，這在國際競爭力上非常十萬火急的事，你政府單位不急，但是急死民間投資企業。

那時候友達董事長是李焜耀，我認為他是很有風度的人，講話也比較客氣。所以我們就開始跟國科會、台中市政府等單位溝通。這中間有很多要求，我們也一一改善，總共耗時半年左右。你看一個廠設備也好了，就等著通電生產了，但就苦等了半年時間，對廠商投資來講是非常嚴重的事。

那幾年中科碰到的困難特別多，我們就透過公會，包括在二〇〇八年十二月舉辦年終記者會，針對金融風暴及全球經濟不景氣，提出一個理念（政府挺銀行、銀行撐企業、企業顧員工），兩個原則（健全配套有效對治、及時反應快速解決），五個課題（不抽銀根、免徵証交稅、調降工業電價、廢除研發替代役基金、調降園區管理費及租金），隔年元月馬總統率相關部會首長來竹科與廠商座談，科管局與公會也彙整二一項議案提出，馬總統則是當場宣佈管理費部份當年度調降一半，次年再持續此項扶持政策，管理費改為減收百分之二十五，為期半年。

另外在二〇一〇年八月，為了中科三、四期停止開發案，園區公會也在竹科會本部召開記者會，要求儘速解決開發程序及法制上爭議，讓入區廠商及提出申請的廠商損害降至最低，並作必要之損害賠償，檢討行政作業制度，並於八月二十六日拜會立法院王金平院長，九月十三日拜會行政院吳敦義院長。

那段期間讓我們覺得，怎麼園區會有這麼多事情？所以我們中科也建

2012年7月14日馬總統到竹科和園區廠商座談與和大高鋒集團董事長沈國榮合照；他們也是昔日建中同學

議理事長是不是請我們馬同學（註：沈副理事長與馬英九總統為建中同班同學），來科學園區給我們打打氣，瞭解廠商營運現況，以及需要政府協助的地方，進行溝通。開始聯繫後，總統府也很快回應。兩個禮拜後，馬總統就與行政院長過來了。

公會提建言

綜合這幾次的重點，比較重要是三個。第一個是政府基於信賴保護原則，既然園區已經開發了，也給友達建廠執照去建廠，執照一發，這是政府的執照，友達設備也進口了，正式投資都核准了，為何再限制他不能營運呢？人民信賴政府，投資那麼多錢，政府一紙禁令就禁止，這對信賴保護原則是傷害很大的，以後誰還敢相信政府？我做到一半會不會有問題？當時這部份我得到當時的行政院院長吳敦義的承諾。

這承諾大致是：其它的地區，還沒建廠的先暫停，已經動工建廠的就繼續建廠，對外聯絡道路會繼續開，所以友達就繼續進行建廠。但是放流管的問題，當時還是卡住。

第二個建議，就是希望政府在挺金融的情況下，金融也要挺企業，企業才能挺員工啊！不然那時候大家就開始放一些無薪休假，甚至資遣、辭退很多外勞等等。廠商已展開一些縮衣節食的措施。那時失業率一直攀高，政府又希望說不要讓失業率太糟，不要越來越艱困。所以既然這樣，銀行要挺企業！政府既然要挺銀行，銀行不挺企業，那企業在周轉上發生問題，還是要縮衣節食！

馬總統那時也請了金融局局長、證期局局長當場宣示，就是政府挺金融、金融挺企業、企業挺員工。任何企業只要正常營運、繳息正常，在這兩個條件下銀行還被收銀根的話，企業隨時可以用電話、網路、書信等通知金融局，甚至打給總統府，他們會處理。

因為有廠商寫他們被收銀根，提案都是用紙張寫的，馬總統也當場問：「有被收銀根的請舉手？」沒有人舉手，因為有幾位銀行總經理在那邊，金融局的也在那邊，萬一廠商舉手，那就表示我的企業有危險！所以不能舉手，那時真的很為難。

第三個建議是，既然經營環境這麼困難，是否我們在園區的地租及管理費能夠停徵，或是合理減少。但停徵地租是較困難的，因為它有法定程序，這部份官方執行起來比較困難。管理費是國科會與管理局可以用行政命令來處理，所以那時候當場就做成管理費減半的決定，隔年也有減收。但地租部份沒有動。

不過地租後來中科局和國科會幫忙，是有一個彈性的方式處理，就是企業界有困難，可以以公文方式，申請分期支付地租。這大概是最重要的三點。

中小企業保護法的建議未獲具體回應

另外在座談會上，還有一個建議就是，希望官方能擬出一種《中小企業保護法》；

這是半導體設備廠商提的，提此建議，是因為公司客戶有幾家製造大廠，原來的付款期是四個月到六個月，平常時期就這麼久了，到了二〇〇八年至二〇〇九年初金融海嘯，客戶大廠本身也受到衝擊，所以就跟設備廠通知，將付款期延為一年，要至第十三個月才能拿到支票或是錢，這些支票若不是現金，可能一開票期又是半年，等於十九個月才能拿到錢。金融海嘯結束，付款期縮短到九個月，但還是比以前長。於此我講一句話：「當年那個付款期回不來了！」

雖然這些支票付款如期，但小廠商周轉金不夠也會拖垮，所以設備廠才提出《中小企業保護法》。這些公司還很用心，搜集了美國、日本的《中小企業保護法》的法令，來跟經濟部解釋。那時經濟部長是尹啟銘，他在場表示，大企業不應該利用金融海嘯或景氣衰退時，對小企業做合約外的一些延期付款動作，這樣小企業一不小心就會垮掉。

這個案子，建議上去到現在，政府一直沒有回應。我們發覺，沒有回應可能是台灣對這方面的法律常識不足，建議政府官員應該到國外去考察一下，第二個是政府對中小企業並不是很重視。

和大在金融海嘯期間也承受大供應商原料定額之苦

我也以經營和大為例，來說明金融海嘯期間中小企業碰到的困境，中鋼是我們主要的原料供應商，我們對他是小企業對大企業。中鋼對每個小企業有額度配給，每年一定要買完年初分配的額度，如果沒有買完，就會影響下一年度的配額，即使是像金融海嘯的時候，我們訂單已經減少一半。假設中鋼一年賣我八十萬噸，等於一個月七萬噸左右，那也我必需把這八十萬噸都吃完。

因為中鋼已經排定高爐生產的量，也把廠商去年訂單、今年年初談好的數量都排好高爐生產，所以廠商不去拿，中鋼就要堆積如山；所以對中鋼來講，也沒有辦法去承受一半的堆積量，不然整個中鋼就都堆滿鋼了。因此，中鋼也要強迫我們整個拿完，付款也是要繼續付，如果廠商沒有拿完，明年的額度可能要被減半或是更少。一旦如果中鋼減少供應鋼料，我們要上哪裡去拿進口貨？時間上也會拖很長，加上進口手續也很繁雜，中間國際市場的變動或其它因素，也都會影響到我們對客戶訂單交期的承諾。所以廠商們也是咬緊牙去吃下中鋼的貨。

和大高峰集團生產的汽機車精密齒輪組件，世界聞名

如果那時候有《中小企業保護法》，如此大企業在景氣艱困時候，國營企業應該就可以有變通，廠商把配額拿完，原本是現金拿貨，能否讓廠商延期票期到六個

月？大家總有個協商。但因沒有這種保護法，所以大企業就是這樣照規定辦理，中鋼的一年營收要多少，要上繳多少，都已經確定了，客戶不能少拿，少拿明年就沒有料。萬一明年景氣好起來，我們沒有鋼料怎麼辦？

我去中鋼買鋼料，假定是一公斤四十元，一旦到外面拿，一公斤可能要五十二元，成本多了三、四成，當然就受不了；所以，咬著牙也是要跟中鋼拿，但政府看不到這情況，因此我們二〇〇九年拿的鋼料，多到現在都還有剩，因為那年訂單剩下差不多百分之四十。你拿了百分之百的料，第二年也是百分之百、第三年還是百分之百的料。所以變成二〇〇九年那年拿的料，增量的部份，慢慢消化，消化至今還沒有用完當年累積的一半的量，至今仍有百分之二十、三十左右待消化。由設備公司跟我們公司的個案來看，是可以作為考慮制定《中小企業保護法》、進而協助廠商度過景氣低迷期的例子。

如何認定研發抵減　建立與國稅局溝通管道

政府許多良法美意，就是要鼓勵廠商做研發，可以做研發抵減，就像我們投資抵減一樣；投資抵減反而比較方便，只要廠商實際上有這些投資金額，就可以分五年來抵減。但是研發抵減是每年都有爭議，因為廠商與稅務單位的見解不一樣，會出現我認為我這個是研發，但國稅局卻認為這不是研發；一旦如此，廠商已經攤提掉的研發費用又要納回來，就變成過去已經實際研發的，現在不能扣抵研發了，就要改變成費用，或是變成收入。所以在這時候，大家就向行政院長反應。

這是二〇〇九年五月發生的，當時行政院長是吳敦義。中科很多廠商跟我反應，有的是連三字經都罵出來了，抱怨已經跟國稅局溝通兩個多月了，還談不出結果來。大家都拿了很多資料來問：「副理事長你說我這個是不是研發？」我說：「是啊！」會員廠商就馬上回答說：「但是國稅局認為不是啊！」一看，原來有那麼多廠商面臨同樣問題，不管是高科技3C，還有精密機械業者，所以我決定找大家來談。當時邀請了中科管局楊文科局長，業界代表有我，以及高橋自動化的李義隆董事長、台灣精銳的張重興董事長，還有均豪主管等，共有七、八位，大家都是在研發抵減的認定上遇到狀況。

楊文科局長也很熱心與我們討論，大家都認為這是「認定」的重點，這是國稅局的稽核單位自由心證問題，所以「認定」就有一個模糊的空間。我們的結論就是，不然我們向行政院來反應，希望國稅局、財政部等單位，能夠派人來中科與我們座談，大家來談認定的標準，省得以後還要繼續煩惱要不要報，能報不能報，大家把它界定清楚。

因為是發生在中部的問題，所以財政部派一位科長來中科，還有台中國稅局的局長，還有一些科處主任主祕等。那天廠商出席很踴躍，可見大家很重視這問題；因為中科可說是三個園區中，精密機械產業最多的區域，很多都是「我認為這是研發，但國稅局卻認為你這是照圖施工」。我猜測，大部份高科技產品的理論可能很專業，所以國稅局看不懂，廠商也不需多作說明，反而比較容易過，而且他們研發的案件金額比較大。

至於精密機械，我舉一個例子，通用汽車若是給我一根軸承的訂單，讓我們製造，而這個軸承是台灣以前沒有人做過的，只在通用汽車內部的廠內製作；現在通用汽車提供一個圖，要和大幫忙做這個，而和大一拿到這個圖的時候，我們必需召集研發團隊開會，要用什麼材料？加工流程要怎麼做才能完善？這邊要不要研磨，那邊要不要做什麼齒量等，熱蝕與高周波的溫度要用六十分鐘兩百四十度？還是要用八十分鐘兩百度？這些過程都要研發，整體而言是流程的研發、材料的研發，以及表面處理的研發，絕對不可能是一根鐵棒來，工廠隨便車一車就交出去；因為硬度不夠、韌性不夠、齒數未達標準，或是公差太多，很多規格都要注意，而這就是我們製程的研發。由於大家的認定上不一樣，很容易就有這些問題。

中科沈國榮副理事長與台中市警局刁建生局長維持良好的互動關係

那天是二〇〇九年九月，大家在座談會，國稅局就先講他們的定義，「以前沒有的現在有」，這個是研發；那以前在國內沒看到的設備，現在有了設備，整個設備就算是研發。諸如此類，他們講了幾個對研發的定義。

後來業者就開始提出：「那我這個製程中間，從沒有到有，要八個製程或十二個，我精簡成為十個製程，那這個算不算研發？」處理是個很要緊的工程，我要試兩個月，從六十度試到九十度，從二十分鐘試到一百二十分鐘，那個熱度，最後預留量多少？熱漲冷縮變成多少？「最後國稅局認定，以後你們如果能把這些數據鉅細靡遺的寫出來，你們的過程如何，然後有一個研發專案，且專案有紀錄，他們可以從寬認定，而從次年報稅來看，的確是有比較從寬認定；過去的認定也確實比較嚴格且模糊。

會談後，事實上，國稅局有做了很大的改變，他以前跟廠商溝通，講不清楚嘛！最後都是用一刀切，「好！你研發抵減提出五千萬，那我就核准兩千五百萬，就這樣決定了啦！回去問你們董事長看看，可以不可以？」就這樣用切的。

溝通之後，他們就開始把整個研發記錄寫清楚，研發的內容詳細記載，不是只有一個品號而已。後來國稅局對我們的研發抵減認定，是比以前符合業界的需要，雖然不是說全額認定抵減，但不會像以前切一半，現在大概是切百分之七十五、四分之三。事實上，我們也認為，財政單位有稅收考量，但我們有成本考量，大家各退一步，大家取得一個兩邊不能滿意但可以接受的平衡，現在是好一點。這法令溝通也是公會的機制之一。

中科委員會運作狀況

公會今天是很多會員廠商所組成的代表，我們除了開理監事會時，也成立很多委員會，例如進出口委員會、水電氣委員會、安全聯防委員會，或者是工安環保委員會等等。小組也聚集了北中南三個科學園區的會員廠商，在開各小組會議時，提出關於環評、水電氣、電壓，還有進口關稅哪裡不合理等等問題，甚至安全聯防委員會會提出進出動線、哪裡會造成阻塞，必需如何去做交流。

沈副理事長在大陸常州台商的腳踏車廠試騎

我們中科廠商安全聯防委員會開會，一般都會找保警中隊管交通的主管來參加，因為中科剛好處在整個大台中區海線、航空與市內的大區塊中心。從中清路出去跟航空站有關係，從台灣大道出去跟梧棲港有關係，往內部環中路走，跟台中市交通有關係，再往北朝大雅交流道走，跟未來水湳新開發園區又有關係。

我們位在這個中間樞紐地帶，上、下班車流往哪一個聯外道路進出如果遇到問題，都會發生打結。水湳第八單元那邊現在還在開發，等到開發完成交地，開始進駐大興土木後，屆時環中路與中科路也是個瓶頸。現在在中清路與環中路要上交流道，都已經是大瓶頸了，未來施工來往車輛一多，包括台中塔、大學城、水湳經貿園區等，恐會產生很多問題，我們都要事先討論防範。

中科的未來發展

相較於新竹園區和台南園區，中科是最年輕的園區，到二〇一三年只有十年，發展雖然快速，但碰到的事也最多，最複雜；前任局長楊文科做了很大的努力，把軟硬體建設到相當的規模，努力與認真值得肯定，繼任的王永壯局長，行政經驗豐富，國會關係良好，相信更能帶給大家百尺竿頭更進一步，為所有中科廠商創造營運的最佳環境。我相信，中科園區六個基地的所有廠商也會共同努力，配合政府政策打拼努力。

四、應變創新期

陽光阿姨：夫妻創業，事業、愛情兩得意

園區公會南科副理事**陳麗芬**
現職：直得科技董事長

謹祝園區公會邁向另一個金碧輝煌的三十年

台灣科學園區同業公會從一九八三年創立迄今，已走過三十個年頭；伴隨國內三大科學園區：竹科、南科、中科設立、成長和茁壯，促進台灣經濟發展，可說功不可沒。總共創建了總土地面積達四千六百一十三公頃的國內三大科學園區，計有半導體、電腦、通訊、光電、精機、醫療生技等六大產業；去（二〇一二）年共創造二十四萬四千九百二十個工作機會與二萬零四十一億元的產值，佔全國製造業產值比例為百分之十四點七，已形成亞太地區高科技工業營運中心和中外知名參訪重點。

並締造了許多台灣科技產品在世界排名及全球市占率名列前茅，例如名列世界第一

的集線器、可錄式光碟片、主機板、筆記型電腦、晶圓代工、IC測試、IC封裝、伺服器、平面顯示器、TFT LCD（大於十吋）、電纜線數據機、無綫網路介面卡、VoIP路由器、乙太網路交換器、電腦用鍵盤、雙絞線數據機等；排名世界第二的有IC設計、OLED等，世界第三者為DRAM。這對人民和國家社會都是很值得讚譽與推崇的貢獻。

三大科學園區成功扮演火車頭角色

國內三大科學園區在國科會和各園區管理局領導下，協助政府推動科技島產業政策設計，發展引進高新科技產業，推動傳統產業轉型、升級，獎勵研發、創新，塑造科技業聚落效應，發展國家科學工業，提升國家競爭力等政策目標外，成功扮演火車頭角色；科學園區公會則為台灣各科學園區與國內產官學研及國外科技園區成功扮演服務平臺的角色。

更尤甚者，園區因此產生不少世界級的企業和企業領導人或企業專業經理人，也幫園區許許多多的科技人築夢踏實，完成創業的理想與促進很多從業員工達成成家立業的美夢，奠立了引以為榮的人生里程碑。

被媒體譽為神仙眷侶的直線科技陳麗芬董事長與夫婿許明哲總經理

直線科技的神仙眷侶

誠如曾被媒體報導稱譽為直線科技的神仙眷侶－直得科技董事長陳麗芬，也是園區公會的陽光副理事長，與其夫婿許明哲總經理，在一九九八年創立直得科技cpc，二〇〇四年即發展成為全球第一家量產當時最小的3mm微型線性滑軌的廠商。自二〇〇五年三月進駐南科起，產品在世界主要市場如歐洲、美國、日本、韓國等工業先進國家佔有一席之地；目前cpc已與日本知名大廠THK、IKO同列為世界前三大微型線性滑軌製造商，並提供全系列產品包括標準型線性滑軌、線性馬達及微型滾珠螺桿。

近年來，經常可在報章雜誌、電子媒體、各種公開場合看到熱情洋溢的陳麗芬董事長，由於陳董事長的樂觀、喜結善緣，就像厝邊的阿姨那樣親切自然，而被當年南科管理局戴謙局長稱為「陽光阿姨」。從此，不只小孩、年輕朋友這樣稱呼她，舉凡園區內外各類場合的新朋友或老朋友，甚至政府高官、民代、包括總統，也都入境隨俗的稱呼「陽光阿姨」，就連外國客戶也對她高唱You are my sunshine.她純正純善的能量總能影響身邊的人。

曾獲台南女中第二屆傑出校友的陳董事長與獲頒成大工科系傑出校友成就獎的許明哲總經理，兩人共同回顧十五年的創業歷程，早期她背著滑軌到各國參展，就像俠女背著長劍遊走天下。看到了世界各種產業和廠商的起起落落，也曾面臨有「難ㄋㄢˋ」沒有「難ㄋㄢˊ」的脆弱態勢，但她深信，人生只要有真誠心，努力奮鬥，盡心盡力，隨緣放下，身心自在，就會鍛練出一身「絕世武功」，生出無比的正向能量，就算景氣萬變，也能穩紮穩打以智慧成事。

目前直得科技的產品主要分為二大類別：一為線性滑軌，另一為線性馬達。其中，線性滑軌是直線運動的關鍵零組件，線性馬達是直線運動速度最快、精度最高階驅動機構。直得的微型線性滑軌產品已廣泛被應用於半導體產業、3C產業、生醫產業、面板TFT-LCD產業、LED產業等；標準型線性滑軌則應用於自動化設備市場與大型工具機、大型產業機械以及射出成型機台等市場。無鐵心式線性馬達全系列產品主要應用在TFT-LCD、LED、半導體設備、生物科技和醫療等高科技產業。

大量投資研發，自有品牌CPC揚威全球

兩項產品因為技術門檻高，長期以來，全世界業界大都只仰賴日本和德國少數廠商。但系出德國名門大廠的直得科技，自創業以來，持續投入大量資源創新研發，深耕技術領域，累積多項高實用價值的國際發明專利，以自有品牌「cpc」行銷全球，現已打造出蜚聲國際的MIT台灣製造優良產品口碑。二〇一三年與日本合作開始推廣微型滾珠螺

桿，使公司產品模組化更加完整。

陳董事長創辦cpc直得科技以來，一步一腳印地堅持精進，以「德」為本，與全體同仁同心協力、共同打拼，在二〇一二年十二月二十八日公司股票順利上櫃，代表OTC台灣櫃買中心與投資人對直得科技的肯定。直得科技的下一個里程碑，要繼續堅持立足台灣、放眼國際，志在成為全球線性運動關鍵零組件的領導品牌。

陳麗芬（陽光阿姨）副理事長二〇一一年獲選全國工業團體優良理監事 實至名歸

事實上，陳董事長在經營事業之餘，一直熱情參與各項國家社會公益活動，包括曾陪同前副總統呂秀蓮從事國民外交（安邦之旅）活動，現任中德文化經濟協會副理事長--等。並自二〇〇五年應邀參選園區公會監事即高票當選；二〇〇八年參選理事再度高票當選，且獲選首任南科副理事長，以迄二〇一一年連任園區公會副理事長後，持續積極與中科副理事長、和大工業董事長沈國榮大力配合現任台揚科技董事長、公會謝其嘉理事長及監事長童兆勤等各理監事，積極向總統府、行政院、立法院、國科會、管理局等各部會首長建言，或各科學園區所在台南市、高雄市市政府首長建立良好互動關係，督導南部園區辦事處，反應爭取廠商最高權益，或解決高科技產業所面臨的困境和難題，也建構起政府與廠商之間良好互動交流平台；更贏得廠商一致的口碑；並於二〇一一年經公會推荐獲選全國工業團體優良理監事，可謂實至名歸。

出生台南歸仁，又在南科投資創業生活多年的陽光阿姨，認為科技始終來自人性，她從人文角度觀察，南科是一個環境單純、周邊鄉鎮純樸、有寧靜致遠的磁場，大家都能互助合作，真誠相待，這都要歸功於南科的好風好水。

她回顧其成長、出國留學及進入南科投資創業來時路，一直秉持著積極樂觀、自在、自信的生活哲學，和奉行儒學大師李少君給她的勵志贈言：「一志可成萬事。欲為創業者必須聚精會神，全心全力以赴。不辭艱苦，不避險阻；中途橫逆之來，以為鍛鍊心志之考驗」。其從少女情懷總是詩的年代，在一九八二年留學德國，到目前歷練成為事業立足台灣，擴及中國大陸、日本、韓國、東南亞、美國、德國歐洲各地等跨國企業成功經營者，公司產品已邁向世界直線科技的TOP，仍維持其一貫的創業特質-正直、熱情、專業能力，以及對自我的無比自信和廣結善緣的菩　心腸，讓其家庭與事業在南科一起成長、一起茁壯。

「天地有萬古，此身不再得，人生只百年，時日最易過。幸生其間，不能不知有生之德，亦不能不懷虛生之

樂觀、喜結善緣的陳麗芬副理事長，被當年南科管理局戴謙局長稱為「陽光阿姨」

憂！」

全台灣科學園區廠商七八百家，陽光阿姨深覺能夠擔任園區公會理監事志工、服務他人，自己也從中學到很多經驗，利人利己，何其有幸！政府當年設立南科，尤其鼓勵生技生醫產業，在期待園區產業、廠商能永續發展之下，陳副理事長懇切向公部門呼籲和建言，未來在進行投資招商時，不能只顧及是否符合園區科學工業的創新技術要求，也應慎重考量申請入區廠商其行銷、財務、資金和研發是否能滿足其長期經營致勝的準備，不能只讓申請入區廠商做科技夢，而未能務實地時時反求諸己，作為一個營利事業單位是否能實踐投資人、權益關係人的基本利益？是否能創造公司同仁最佳職涯福祉？否則，會讓外界誤解或幻想，進入科學園區投資就一定可保證獲利，此風不可長也！

推動成立國學書院，籌辦第一屆國學文化與企業經營研討會，植德！

「建國君民教學為先」，好的也是要教出來的，經營企業者不能只有深懷Hi-Tech絕技，永續經營的大道上教育教化教養自己及同仁更是重要。有感於此，二〇一二年陽光阿姨積極與立法院王金平院長共同推動成立國學書院，並計劃於今（二〇一三）年十一月九日在南科樹谷園區籌辦第一屆國學文化與企業經營研討會，探討國學文化與誠信經營暨企業社會責任與永續經營，以響應佛學大師淨空教授的呼籲，要用十年時間，培育傳統文化儒釋道講經說法及優質企業的人才，帶動社會善良風氣，為正法久住，期許為台灣、為世界養成兩百位位聖賢人，陽光阿姨說：「那麼直得植德就太值得了！」

近來園區公會與大陸各地雙方交流更趨頻繁，前不久謝理事長其嘉才親自帶領我們公會代表受邀拜訪大陸許多重要城市，對岸高層也明白地表示台灣科學園區的成果令人激賞，也希望廣為招商有效學習台灣科學園區經驗，相當禮遇我們代表團。

二十一世紀世界早已是地球村，交流招商、擴張版圖是永不停歇的國際經濟活動，謝理事長更細心地善用公會平台，整合科技產業內外的資源，例如法律專才、物流專家，人力資源顧問，提供更積極的total solution，鼓勵無論企業或公會不須擔心別人或其他國家往上追上來，自己應該積極地持續向前邁進，這樣才能永遠領先、不會被取代。

行有餘力，念茲在茲提攜協助後進中小企業

回首在園區公會自二〇〇五年迄今擔任理監事志工，已有八（發）年發展時間，隨著歷練，結識園區裡許多各行各業的廠商，憑著真誠心、慈悲心、歡喜心，也就愈來愈能具足能量，就是希望能夠在生活、工作職場、事業上落實正知正見，以熱情、陽光普照的人格特質，從安定發展中生得大智慧，為公會盡更多福至心靈的服務。

期許下一個黃金三十年園區公會更加地蓬勃發展，臥虎藏龍的各委員會能大展身手：

一、服務更多辛苦創業的中小企業，包括新進新創公司，或經營多時面臨困境的企業提供實用的加值服務，拉近政府政策與產業需求的落差，讓園區廠商彼此產業的資源能整合得更好，使廠商的供需能在園區公會的協助下，牢牢、環環相扣在一起，讓這類的廠商在專業成果上加速開花結果。

陽光阿姨念茲在茲，希望能提攜協助後進中小企業

二、在讚歎大企業的無限發展之餘，鼓勵人文社會教育，發揮社會責任，風采翩翩，並促成其將科技人文整合的美好經驗，分享給所有園區廠商、資源同享，讓整個園區產業群聚效應得以更壯大，每家廠商都能鴻圖大展，生產盈收大順大利。

三、期許所有企業主、主管都能互相勉勵薰陶，效法比爾蓋茲在事業有成、年過半百後，有比爾蓋茲的人生大目標，行大善助大眾，例如他要讓5歲以下的孩子都不用挨餓、得到適當醫療協助、能健康的成長。而我們科技事業除了在分享stock option（股票期權）外，技術不斷在升級，更能普遍落實企業大家長的責任，念念成就理想的養老育幼，實現真善美慧的圓滿人生。

「南科這麼好，向著陽光，跟著陽光走，信任直得，肯定值得」，這是她enjoy在南科的心得。陽光阿姨堅信只要竹科、中科、南科台灣三大科學園區廠商彼此 手同心，共同建立世界獨特的人文科技寶島，必能點石成金，相輔相成，那麼世界最大金礦就在台灣科學園區，如此世代傳承，科學園區一定能在真正的清淨和諧中前進，不只三十而立，下一個三十年一定會更璀璨、更風華絕代。

四、應變創新期

公門轉公會：輔佐歷屆理事長見證園區發展史

園區公會會務顧問**曹典章**

許正勳時代經同鄉介紹來公會面談

我是一九八四年到公會任職，二〇〇九年十月屆齡退休，前後在同業公會二十五個年頭。從師大畢業後，先回馬祖國中教書，之後考進調查局，工作十年，再轉往民間企業。

我到公會之前，原本朋友是推薦我去國科會的，同時間國科會成立的新竹園區管理局，我的馬祖同鄉曹順官是管理局局長何宜慈的幕僚，擔任剛成立的同業公會總幹事已一年，打算離開，要找接任的人。公會廠商代表如曹興誠、施振榮、王華燕等董事長總經理設一個條件，就是說來的人一定要在公務機關待過，也要民間企業的歷練，還要有碩士學位。我在調查局時，曾去文化大學大陸問題研究所進修，獲有碩士學位。符合園區公會條件的人不多，當時跟我面談的是代表許正勳理事長的全友副總經理曾憲章，錄取之後，月薪五萬塊錢。

我來的時候，公會沒有錢，園區廠商不到十家，只有許正勳最有財力，所以大家就商請他當理事長。他家族是做合板的，因為公會沒有錢，後來我就變成他的特別助理，領全友的薪水。而許理事長做了三年理事長以後，對此沒有興趣，後來就由曹興誠接任。

此後，公會的運作逐漸開始擴大，首先進行業務劃分，因為我們不是單一的同業產業公會，是綜合性的產業，又是區域性的，業務怎麼分呢？剛開始有人說依產業分類，分成電腦組、通訊組等，也有人說以功能性區分，如水的、電的。後來變成功能性委員會，例如水電氣、智財權等等，而不是分成電腦、半導體等組。

曹典章總幹事歷任六位理事長，治理會務有條不紊，打下良好基礎

初期運作有一個重要的事，那時候所有的產業國民黨都有產業黨部，黨一定要深入產業，以前每個工廠、中小企業都有產業黨部，我們與理監事們研究不宜讓產業黨部在公會成立，讓相關單位也承受很大壓力。

這時期除了理監事會之外，還成立一個高階主管聯誼會，初期廠商只有十來家，後來變成二、三十家，把老闆們集合在一起，這樣力量就很大了。後來政府又開始推動「新竹科學城計畫」，很多園區老闆都參與了這個案子。這是政府從蔣經國、李國鼎、孫運璿等人提出構想，政府一直在推動，園區公會的理監事，也常配合政府的考察團，到日本或歐美國家觀摩，那時候大家做生意，人才要挖，訂單也要挖，彼此間有矛盾，就訂定一個「會員廠商專業倫理守則」，建議大家不要挖來挖去，成效也不錯。

有段時間大部份園區廠商都希望能夠租售土地，因為你要是沒有資產，銀行不容易借到款。廠商投資靠優惠政策不夠，大家希望賺點錢可以買些土地抵押借款，政府一直沒有答應，現行法令上規定只租不售，所以可不可以買賣這件事，在一九八〇年代就被提出，現在還是無解。如果可以，那就好辦了，對政府來講，財政收入就好多了，但這問題管理局還在研究。

闢財源，設台北新竹交通車及訓練課程

許正勳三年之後，曹興誠做了二屆六年，園區慢慢有雛型了，因為入區廠商多了，廠商聯絡變得很重要；例如宏碁、神達這些公司都很大，老闆有時候聯絡不到，就將總經理祕書設為會務聯絡人，這樣就不會通報不了，什麼重要事情找不到總經理，祕書是

最直接的，有什麼事情直接通報，發揮的功能很大。

我們一直在想辦法找財源，我們還辦過交通車，開過好多年，台北新竹來回，接送竹科上班族，人數最多的時候，一天有四、五輛車在跑，很多工程師都台北來的，公會就主辦交通接送。

後來開辦的訓練課程，公會很大的一塊收入來源。以前公會的收入主要是會費，之外就是課程，近年還增加了辦公室租金，這是蓋了會館大樓以後新增加的財源。公會的訓練課程，很多是實務課程，例如財務、進出口、資產管理、盤點，太多太多課程了。廠商員工若是到外面上課，比較麻煩，我們就設在園區裡面。後來廠商越來越需要專業課程，比如說半導體專業知識的課程，我們沒有辦法滿足，所以政府也有補助讓他們去自強基金會等單位上課。

曹興誠擔任理事長及監事長時，推動專利除罪化，那時候法院的觀念跟國外的觀念還無法銜接，曹董去跑立法院，我也幫忙所有的作業、聯絡，到處在推。他出很多錢，刊很多廣告，而且他都是自己擬寫說帖，文筆很好，沒有話講，就算律師來也寫不過他。他登廣告都是以同業公會理事長及全體理監事具名，對很多公益活動更是熱心，例如園區高爾夫練習場是我負責規畫興建的，他出錢，總共花了120萬，完成以後我們沒法經營，移交給管理局。曹興誠對公會貢獻很大，例行事務則是由當時的聯電財務長林友信跟我天天研究問題，最後呈到曹興誠那邊做個決定。

委員會功能強大

曹興誠主持公會的時時，會員廠商向心力很強，園區裡主要大老闆都參與過公會理監事，很多事情都在一起討論。園區內的老闆們程度較高，會關心大環境的變化，不是純粹唯利是圖，只顧賺錢。很多災害後的募款，例如賀伯颱風等，我們都募了不少經費支援。

環保委員會召集人范光榮（左）對公會貢獻大，曹典章總幹事（右）特別頒贈獎座表示感謝

我們的會費級數很多，最高級數、營業額規模最高的公司，一年要交一百多萬元，以大公司營收來說，比例很少，但是只要資源的享有也相對較多。其它小廠會費一點點，最低的級數一年會費只要一萬八千元。推派會員代之人數的多寡，視其公司規模，大公司最多只能推派七個會員代表，小公司至少也要有派出一位代表參與，以實現產業民主的觀念。

委員會的功能很大，單一廠商的問題，政府官員通不會理會，例如一些技術性問題，到國外打官司，或是水電等問題。使用者與供應者對不上話。而委員會是產業成功的推手，像水電委員會、進出口等，與台電、自來水公司及海關等單位，後來都變成好朋友，雙方一起研究怎麼解決問題。

公會蓋大樓有貸款，但我們沒跟廠商募款，我們從訓練課程等方面節省下來籌出自備款，公會大樓蓋好，對廠商凝聚向心力很有幫助，這個想法是我提的，說服理事長等人點頭，這是我最有成就的一樁事。

公會也曾有安居計畫

我在公會最傷腦筋的事，應該是二十多年前的安居計畫。以前竹科很多公司都想自己規畫社區，也就是「安居計畫」。我們公會也做，卻沒有成功，我們選了地沒有弄成，當初選的是兩塊地，一塊是在交通大學對面梅竹山莊，一塊在竹北義民廟附近，最後沒有成功，錢都收了後來又退回去。安居計畫，是在任內一個沒有完成的事情，是個遺憾。

更早還有一次，也是聯合各單位來做社區，是在何宜慈局長時代，園區只建一點點宿舍，因為工業用地不適合住宅，管理局的曹順官、聯電的林友信，還有我大家一起研究，後來私下進行，沒有在正式場合提出來。該案就是聯電林友信做指導，在寶山水庫旁邊買了十六甲地，其中管理局也買了二十六甲，附近的鄉紳也買八甲地，加起來有五十甲地。那時候是打算跟管理局配合，把宿舍區建到這裡來。

結果那時曹順官組長主導的二十六甲地，因為有管理局幾十個員工參加，土地一賺錢以後，他就把地賣了，把錢還給大家，他也離開了。現在的寶山華城就是當初的示範社區，是聯電林友信找人蓋的。管理局的地一賣掉以後，發生了林肯大郡事件，台灣這種山坡地開發案就被擋下來，聯電的十六甲地就變成農地來賣，一個單位為七百六十坪左右，用農舍名義來賣，現在也賣出去了。

有關廠商提出希望園區土地能夠出售，是好是壞很難講。若當時政府同意出售土地，發展情況恐怕會與現在不太一樣。以前我們很不習慣中國大陸，地方政府就有權利將住宅區與工業區規畫在一起，像蘇州工業區就是這樣發展。我們這邊你看，管理局跟縣市政府規畫時是沒有相關，這樣是好還是不好？我們清大、交大也是各搞各的，跟地方政府無關，每個人把圍牆圍起來。大科學城計畫沒有完成，也是遺憾。

南科郭春暉處長手氣旺，在員工尾牙摸中特獎，接受曹總幹事（右）頒獎

大陸關係，二十年前公會為主要窗口

一九九五年李登輝總統時代，兩岸關係很僵，大陸人來園區，都是我們公會來接

園區公會廿周年慶，曾繁城理事長（右）頒發獎牌感謝曹典章總幹事一手籌建公會

待，局裡不能接，那時還有檢舉獎金，鼓勵檢舉。其實，來這邊的都是官員，地位頗高，大家都來觀摩取經，但是在台灣不能拜訪官方單位，我們是民間團體，反正來的就是客人。我們等於是窗口。後來這對大陸科技工業區發展直接的影響，對兩岸關係貢獻很大，中國大陸大部份地方我都去過，常受邀請前去演講科學園區的發展與歷程，很受到當地單位歡迎，因為很多人都來過竹科。

如果問在公會二十多年，做了什麼對園區最有幫助的事，我覺得兩岸關係是很好的事情之一。還有就是園區初創的時候，誰都沒把握這個園區是否可以成功，我們公會參與其中，多少有點貢獻。我們在第一線做事，接觸到每件事情，從法規、所有的程序，這個經驗後來在大陸團來參訪時，也是可以分享的事。

規劃公會大樓是重要貢獻之一

我在退休前，規劃公會建了這棟公會大樓。也希望中科、南科也能蓋一個公會大樓，中科早期是保警中隊使用的那塊地最漂亮，不過現在時空變遷，已沒辦法，南科比較有條件先做，至少那邊財務比較上軌道。蓋大樓是為大家而建，主要就是希望提供服務會員廠商的場所，讓大家有一處開會辦公的地方，凝聚大家的力量，增加會員廠商的向心力，慶幸的是童理事長當家時財務狀況良好，也幫忙南科同仁及中科同仁建置了棲身之所。

我四十一歲到公會服務，到屆齡退休，與許正勳、曹興誠、孫弘、曾繁城，童兆勤及謝其嘉等六位理事長相處良好，獲得信任，深感榮幸，與三區各位管理局局長、縣、市首長，亦互動頻繁，在此一併致上誠摯謝意。

四、應變創新期

經歷豐富：行遍大江南北、承先啟後，創科技服務新局

園區公會祕書長**張致遠**

來公會服務的背景

我於一九八八年結束在工研院電子研究所十年的服務後，到竹科華邦電子工作，並立即參與公會事務，從企劃委員會、人力資源委員會開始，以及後擔任理監事、常務理事期間，又奉各屆理事長之指派，參與進出口、保稅、水電、工安、環保、財會等委員會之業務，並創立公關與大陸事務委員會，所以對園區公會之事務並不陌生。

園區早期建設之時，半導體廠所需要的資源較多，在那個時間點上，主要協助會務的理監事，有台積電黃彥群副總、聯電敖景山總長，與在華邦電的我，之後各大廠分別

派員參加，代表會員廠商與管理局同仁共同致力於園區工作環境及經營效率的改善，並在地方關係上多作努力，也經歷了所謂「新竹市環評案」的風波。回想起來，那真是令人懷念、充滿產業團結氛圍的美好時光。

由於有了以上的經驗，加諸我在二〇〇三年至二〇〇九年由華邦派至大陸擔任各子公司的總經理職務，二〇〇八年至二〇〇九年又借調到電電公會擔任大陸總監及副總幹事，因此對公協會事務及大陸之產業發展有較多的認識。這也因此埋下童兆勤前理事長及謝其嘉理事長希望我回園區服務的種子。

張致遠祕書長在海峽兩岸第一次論壇交流會上發表意見

我過去從沒想到會在園區公會服務。外派大陸時偶返國述職，時任理事長的童兆勤先生有時會找我小聚，中午吃個便當聊聊產業發展中的事。那時我反而是替某位好友爭取在公會服務之機會，童理事長是位面面俱到的好長官，也很有自己的想法。二〇〇八年底，時任電電公會理事長的焦佑鈞先生認為，園區公會是電電公會的主要伙伴，應建立更密切的關係。那時我借調電電公會擔任副總幹事，他特別要我與劉重光先生和園區公會聯繫，辦一次主管餐會。那一次餐會是對我工作生涯轉變的一個關鍵。在餐會上，謝其嘉理事長與已由理事長任期屆滿轉任監事長的童兆勤先生，一起跟焦理事長說：「張致遠是我們園區出去的，怎麼跑到電電公會任職？應該要還回來了⋯⋯」也就是這段談話，促使我也認真思考從大陸回台灣園區服務的可能性。

當時電電公會原希望我自華邦退休後，正式到電電公會任職，同時亦有其他外商公司希望招募我在中國大陸服務，但我個人認為台灣是我生長的地方、我的朋友都在這裡，三位管理局局長及許多管理局同仁都是多年好友，而那時也正從居住近二十二年的園區宿舍搬出，因為沒有房產若要在台北置產亦非個人能力所及，再加上原欲推薦任職同一職位的好友，也高升擔任政府要職；因此，後來又與謝理事長會談了二、三次，再徵得焦理事長的諒解，終於在二〇〇九年十月到公會報到，接下總幹事一職（原總幹事當時已轉任顧問），擔任園區公會幕僚長之工作。

階段性的工作改善

我是二〇〇九年正式到會服務，感謝前任曹總幹事及會務同仁的努力，使公會在三個園區打下了很好的運作模式與穩健的財務基礎。所以一開始「曹規張隨」，隨著對業務之逐漸瞭解，及與謝理事長、童監事長、兩位副理事長，以及各園區長官、廠商多方接觸，並勤跑南科、中科、及竹科各基地後，也開始試著作一些轉變，以求更符合現階段的發展需求。

首先我作了一些簡單的內部改變：

一、把公會服務目標建立起來，透過整理出兩張公會的任務表，在內部會議、理監事會、各委員會上多次簡報，建立各方共識。

二、建立各主管之財務及服務概念，透過每月及年度會議檢討、改善，並設立新目標，以瞭解成果及提供及時服務。

三、建立作業準則，訂立二十餘類規章，確立

謝其嘉理事長（左一）與張致遠祕書長（右一）是推動園區公會事務的最佳拍檔，互動緊密

作業程序及規則，把制度進一步建立以來。

四、建立主管應變與回報機制，使公會能即時掌握並處理各區之突發事件。

五、建立交接與職務代理制度，並健全人事制度。

以上各項在企業中是稀鬆平常本應俱備的管理制度，但在一個已有近三十年歷史的公會運作上有其更新的必要性，而且這些改善的動作，勢必會再延續。

對外，趁著還年輕（其實也已六十歲了），我盡量參加各園區的活動，以及各園區委員會的活動，並配合各管理局參加地方睦鄰及與地方政府溝通協調的事項，行程多但頗有收穫。

時至今日，台灣三個科學園區、十三個基地，發展階段所面臨的問題各有不同。總體來說，竹科逾三十年，各方面發展穩定，在歷任局長及現任顏局長的努力耕耘下，各方面包括地方關係，都處在相對穩定與成熟的位置，且為全球園區經營有成效之模範生。南科發展近二十年，陳局長及歷任局長對廠商協助，以及地方關係的耕耘，亦屬穩定而有區域的特色。中科之發展則剛滿十年，屬於開發期，又適逢國內水、電、環保、土地資源備受關心，甚至政治紛爭影響，需較多心力投入的階段，管理與服務工作相對辛苦，需要本會與管理局合作之處也會較多，展望未來，中部園區的開發與成長空間，個人感覺深具爆發力。

產官合作模式

三年來，我大力宣傳「金雞與金窩」理論，因為我深深感覺代表民間廠商的同業公會，與代表政府公權力與管理的各管理局，就像是兩隻手，要把各科學園區內的廠商照顧好，就像捧著金窩一樣，希望金窩（各園區）內的金雞（廠商）能安穩的下金蛋，而能獲利、創稅、回饋股東與社會。因此任何會嚇到金雞（如過去的竹科環評案），或是讓金雞不安穩（水、電、資源不足、硬體設施、租稅獎勵條例不合時宜等）的因素，皆有賴這兩隻手協助清理。管理局有代表政府公權力的「胡蘿蔔與鞭子」在手，但相對的也受到政府制度需層層上報的限制，公會則有民間團體之彈性，較不受階級制度之限制，因此合作起來能較迅速而有效的反應問題、解決問題。公協會絕大多數時間會與主管的政府部門站在一起，共同解決問題，但若遇到政府政策與大多數廠商利益產生衝突，或主管機關不經意或意圖以威權的「領導」取代政府應有的服務管理，則公會有那麼百分之一的可能，必需有所作為遏止此一現象，以免雞

張祕書長率財會委員會召集人，拜會國稅局曾局長

飛、蛋打，各方受損，所幸此種現象尚少發生。

發人深省的小故事

來會服務的這幾年，感謝各管理局的支持與協助，讓會員廠商的困難多數得到解決，但也有幾件事留下深刻之印象。記得兩年前某一天，謝理事長氣急敗壞的打電話給我，嚷著理事長位置沒臉幹了，要辭職以謝罪。我一想不得了，他要辭職事情一定大條，細問之下，原來是園區某大老反應，園區某上市公司董事長將因違反勞工安全法被移送檢方，理事長認為該董事長一向奉公守法、關注員工甚至照顧失學年輕學子並獲有佳評，現在忽傳被移送，且本會不知情也未提供協助是奇恥大辱，不受管理單位尊重，因此命我速速尋求協助之道，因此，次日我即主動參加管理單位之會議，經瞭解事情之發生原因十分單純，因為該公司工作場所的主管疏忽了加班工作者年齡的檢查，讓該董事長照顧員工的美意，反變成違反勞工法令的事實。

竹科三十周年慶，竹科顏宗明局長頒獎給張致遠祕書長

而比較嚴重的是，管理單位的最高主管直到會議時都還是不知移送對象是公司負責人，以及因此對上市公司可

能造成之影響，而引發廠商及園區高階主管之極度不滿。幸好該主管於當次會議上瞭解事情真象後，立即親自採取補救措施，並由本會提供協助後合理合法解決此一事件。

又過了不久，有一天謝理事長突然又找我到其辦公室，他約了一位管理當局主管，閒聊了一陣子後致贈對方一份小禮物，最後說出了一句重要的話，請該主管提醒其部屬「同業公會並非管理局的附屬單位」。我認為這真是非常重要的一個觀念，我們現在要的是一個服務型的政府，不是要一個只講威權管理、忽略主動服務的政府，我想那位主管聽了以後應該十分難過，而我也因此上了一課。

謝理事長是位明察秋毫、精力旺盛、點子不斷、十分有創新思想，且極有人緣的理事長，也是園區最早的海歸派創業者，對園區三十多年來之發展，親身參與且瞭若指掌。平常就像小飛俠般為其主管各公司的業務全球奔波，一旦返台就必定要找些對廠商、產業經濟發展有助益的題目來做。因此他一返台必定是熱鬧非凡。也就是在這種領導風格下，某種程度上使園區更獲得政府高層的重視。

他常常要求我們，發揮「死老百姓」的精神及「做業務」的精神，要不厭其煩、不畏艱難，不要怕與府院高層溝通對話，只要廠商有好處就應該去做。這三年的觀察下來，的確發揮了作用，園區所在地地方政府、中央政府高層，不論執政黨或在野黨長官，對園區發展都盡力給予支持，但仍然有些小插曲值得報告。在我就任前，理事長曾交待會務同仁著手邀請專家學者，就台灣科學園區的投資環境，與全球主要園區來作比較，以作為金融海嘯後對政府科技產業發展的政策推動建言，但原承辦同仁因故未能有進展，我接手後幾經懇請，才邀請對產業分析素有經驗與好評的中原大學企研所呂鴻德教授及其團隊承接此一研究案，並徵得竹科管理局顏局長之同意，考慮給予經費及研究資料等方面支持。

這原本是件「產、官、學」合作對產業發展提出研究案的好事，是對政府及產業有益的事，可惜一開始學者對執行政府支持計畫的繁文縟節及過程評估頗有意見，甚至拒接此研究案，後來幾經協商此研究案完全由公會出資委託才解決問題開始進行。

呂教授及其研究團隊不愧是專家，歷經近半年之努力提出了一份近四百頁，內容充實，頗有研究價值的報告，並定名為《量己力、衡外情－2011科學園區與主要國家園區投資環境比較》。此報告在做完精闢的分析後，在結語上作了給政府的三個冀望與八個建言。為顧及國家競爭策略不對外的考量下，最後之出版分級為B版（只有研究報告及結論）、A版（還包括對政府的建言），由商周編輯顧問公司印製發行。（出版品編號ISBN 97-986-87283-0-1）。其後A版只提供給會員廠商及國內產官學研單位，B版只提供給國外貴賓。

謝理事長認為此份報告之評估結果，對國內三個園區均有正面之評價，而對政府之建言也擲地有聲，應該推廣至主管單位及政府高層，以呼籲其重視科技產業的發展。（事實上這些建言，在二〇一三年來看，仍然是有意義的建言）。因此希望我們能對國科會、行政院、甚至總統府做報告，以獲得應有之重視，加速科技產業投資環境的改善。

但可惜的是，在我們聯繫各單位分送報告時觸犯了在地主管，認為此份報告不需由公會自行如此大張旗鼓的提出看法，因此過程曲折，最後終於獲得許可，對國科會主委及三區局長做了報告，總統府則接受幕僚意見，不安排簡報；唯報告出版年餘後，在某公開場合，馬總統親自告訴大家，「最近我們國科會做了一個分析報告，竹科在全球科學園區之投資環境名列第二，南科中科也名列前茅……」理事長和我兩人即對望一眼，這不就是本會評估報告的結論之一嗎？怎麼變成了……？產官間的互動與互相尊重真是一門大學問。

在2009年12月15日舉辦的竹科管理局進出口保稅優良人員表揚會上，園區公會張致遠祕書長頒發獎狀給得獎者

公會的努力方向

理事長認為公會要發揮影響力，才能更有效協助廠商，因此不應該只是文來文往默默躲在後面做事，而是要利用時機把影響力展現出來，而我們做幕僚的也要盡量輔

佐理事長及理監事會來執行決策，但至目前為止仍有三件事無法做到。

同業公會正式名稱修改：理事長認為全名叫「台灣科學工業園區科學工業同業公會」名稱太長且繞口，若能改為「科學園區同業公會」就更好了，經請示公協會主管單位之內政部，結果是不同意改名；但其理由看來也很有邏輯，台灣、科學園區、科學工業、同業公會，四個關鍵詞把區域、產業屬性及公協會屬性一一表明，因此雖然長了些，但也有其道理，故而不再申覆。

高鐵台南園區設站：理事長及部分理監事認為高鐵過門不停，廠商員工或來賓來訪費時費精神，實為不當，應要求恢復設站。經與園區管理局、台南市政府及高鐵公司、行政、立法院多次陳報建議後，仍無法進行。深入瞭解後，其實有兩個主要原因：1若要新設台南站，高鐵必需施工半年以上，邊做邊改會影響高雄站的停靠，2政府已提出多項改善台南高鐵站至南部園區的多項交通及道路，並且已有新的交通產業態產生了，很多人是圍繞著謀生的，所以這個議題也暫時告一段落，除非有新想法，否則近期應該不會再提。

本會應名列全國七大工商團體（現政府及媒體一般已列六大工商團體），作為政府產業政策施政之經常研商對象之一，我們也因此與行政院、國科會、內政部、工業總會，甚至總統來訪時都提出應列入七大之列，但衝撞多次後，仍無法如願，其實仔細一想也不必去爭排名，因為國科會也已知會內政部、經濟部、環保署及勞委會等政府相關單位，重大會議及法令修訂涉及園區時請通知本公會，以便先彙集意見提供參考；而馬總統自二〇〇八年就任以來，已親自或請立法院、行政院長來園區參訪，召開會議或邀請本會理監事至府院開會近二十次，對園區產業的重視可謂不言而喻，溝通管道不需層層轉達申報也算暢通；因此，也不需再作爭取成為七大工商團體，保持獨特性反而更容易溝通。

我認為台灣的公協會對台灣產業發展有極大的貢獻，相對於其他國家或地區是台灣產業發展的寶貝，它們不但發揮了服務平臺、意見轉達平臺的功能，近年來甚至在協助整合技術標準，帶動產業升級發展，更能匯集同類廠商意見，向政府反應形成符合產業發展的產業政策，也是政府產業政策，經貿科技發展資訊及推動之管道，甚至有時愛之深責之切也能夠提出產業發展白皮書，建議或鞭策政府作有效率的事。政府各階層應珍惜重視此一平臺甚至善加利用。若還是想要從「長官「變為『領導』必會遭至挫敗，失去民心。」

園區公會張致遠祕書長致贈江蘇省南通市市委書記丁大衛，一本由公會編的《衡己力、量外情》書籍

而在現在的社會及政治氛圍下，我們除了常常會觀察主

管園區的政府機構各級主管對公會運行的支持態度，從而修正如何協助會員廠商爭取較佳經營環境外，對各政府機構、民意代表、公民營資源經營公司、周邊鄰里及不同政黨人士⋯⋯等，都是我們會務同仁需要不斷的溝通對象，希望透過公會的努力，減少個別會員公司在經營上的困難。

拓展會員廠商大陸商機

另外，在產業發展上，我們有愈來愈多的資料顯示出水、電、土地、租稅政策不足的現象，產業要發展的下一個擴充地點在哪裡就十分重要。園區公會的廠商有相當多的比例都已將業務，甚至後段的生產在大陸設立擴充基地，六大工商團體也紛紛發揮其影響力在大陸對其會員提供服務，但園區公會過去在此部份因為法令規範，以及保護台灣高新科技產業的考量，也多只接受大陸各地之參訪，而少有前往訪問之規劃。事實上園區內除了少數幾家超級大廠外，多數都是中小型的公司，他們也極有可能發展成大公司，以目前全球產業分佈、市場分布及成本降低接近客戶的考慮下，大陸的內銷、外銷市場都是大家應該積極爭取的商機，而且因為同文同種的關係，我們台灣的廠商更應該有成功的機會。

因此近三年來，我們已兩次正式組團到大陸，以台商投資大陸首善之區的華東地區參訪，希望替會員廠商考察大陸各地之產業布局、園區建設及兩岸產業未來合作發展之機會，以作為會員廠商拓展商務或擴充工作基地之選擇，並期盼藉由參訪考察提高公會的曝光率，加深大陸各地對園區公會之瞭解，從小的方面來講，有助於園區廠商處理個別在大陸的事務，或糾紛時有公協會之協助（實際上我們已有多次被要求出面協助會員廠商解決個別問題）。

從大的方面來說，也希望有效協助兩岸科技產業合作，成為未來兩岸科技產業合作之服務平台（尤其是在兩地政府部門尚無法直接合作洽商的時刻裡，更有其意義），基於這些考量，未來我們會在兩岸法令，本會財務負擔許可且本會理監事會支持的情形下，增加對華南、華中及華北等地之考察，以協助會員廠商拓展商機。

公會辦理「幸福藝起來」講座，施振榮大師接受張祕書長致贈感謝獎座

未來發展與感謝

在會務發展上之人力資源上，由於各園區發展進入不同時期，所需要的服務方向也有所變化，所以我們在近三年裡分別從保二總隊，以及在管理局任職過且表現良好，深受廠商支持的陳明貴先生及陳季媛小姐，招募

他（她）們加入，提昇了我們在警政聯繫及與政府主管單位間之聯繫及業務推動的效率。未來，需再加強的將是希望對科技產業發展分析與推動有實際經驗、能力的伙伴。

公會的日常運作目前由二十七位會務同仁分在竹、中、南三地為近五百家會員廠商提供服務，除會務同仁外，各委員會也是日常作業的一個重心，透過這些擔任不支薪義工的二千二百八十三位委員會委員來共同解決會員廠商在人力資源、企劃及公共事務、財務會計、進出口保稅作業、安全衛生與環境保護等近二十個領域的問題改善及效率促進，透過交流互相學習也能帶領會員廠商在上述領域的成長；因此，鼓勵會員廠商多派遣員工進入相關委員會共同成長。

時值公會成立三十週年，一方面感謝國科會、各管理局長期以來對廠商的照顧，也感謝各園區所在地地方政府及中央政府各級長官的支持，更感謝各園區會員廠商過去三十年來推派理監事、委員會幹部的參與，以及會務同仁的共同努力，希望公會的服務愈來愈讓會員廠商滿意。

四、應變創新期

德慧並蓄：上佐長官、下服同仁提升公會行政效益

園區公會副祕書長**湯玉惠**

意外巧合到公會上班

我會到公會上班，完全是個「意外的巧合」。當年我無意間看到中央日報登了一則「科學園區某公家單位，誠徵行政助理乙名，意者請將履歷自傳寄科學園區就業服務站代收」的徵人啟事；同時間，公會也急著透過就業服務站的協助，要尋找一名女性的會務同仁，服務站的人員陰錯陽差把我的履歷送給了曹總幹事挑選，並由曹總親自面談。那天參加面試者好像有五位吧？我還向同樣來面試、穿著摩登的小姐借了口紅，稍為整裝一下。面試完後，我還詢問就業服務站的人，「科學園區同業公會是什麼單位？為什麼辦公的地方是在管理局大樓裡呢？」

我第一天上班，還引起管理局內部的一陣小騷動，大家都在探聽我是不是「馬祖幫」？因為當時公會的三位同仁，曹總幹事和陳樂鑠先生是馬祖人、徐俊榜先生是馬祖女婿，且首任的總幹事曹順官也是馬祖人，聽聞與我沒有職務交接的祕書，因非馬祖幫，在相處上有一些不愉快的磨擦而離職；因此我只能從舊檔案中尋找資料自行摸索，試著瞭解公會的角色任務。

我報到時，會員數只有三十八家，會費收入僅一百零四萬元左右，我的薪水是12K；曹總幹事的薪水則是由許正動理事長所屬的全友電腦公司支應；我跟許理事長的互動較少，他大概也不認得我了，只覺得他是一個溫文儒雅的長者；很快的曹興誠先生接任理事長。

湯玉惠副祕書長開會時專注的神情

由於我的業務主要在秘書室這一塊，與理事長的交集比其他同仁來得多，因此分享一下歷任理事長帶領公會的行事風格。

曹興誠理事長上任時，收入還不多，在帳務的處理上只作簡單的收入傳票及支出傳票，曹理事長知道我沒有作帳的實務經驗，馬上安排聯電財務部中最優秀的會計周清華小姐到公會親自教我從日記帳、明細分類帳、總帳，然後產出損益表、資產負債表。但是他上任的第一年，我做出的財務報表，卻是負二十萬元，他一看之下很生氣說：「我當理事長怎麼能是負的呢？」馬上請財務部林友信經理撥補一百萬元進公會帳戶，所以一夕之間我們的財務報表盈餘八十萬元，並請會計師作簽證查核的業務。依內政部頒布的《工商團體財務處理辦法》規定，公會組織「全年收入達一千五百萬元者，得委請會計師簽證」；我們園區公會早在收入只有三百萬元之時，就請會計師作簽證了。

公會早期拮据，曹理事長大力捐輸

早期公會的財務狀況真的是有點拮据，除了會費收入，幾乎沒有什麼業外收益，大都靠曹理事長的大力捐輸，包括園區整體的公共建設如紅綠燈設置，購贈偵防車、消防車，建置高爾夫球練習場，提供實驗中學的獎學金等；最窩心的是，逢年過節曹理事長還會親自送紅包給我們會務同仁。

曹理事長任內成立六個委員會，以及五、六個工作小組，連任理事長時，為了強化委員會的功能，甚至要求每位常務理監事都要認養一個委員會當該委員會的指導召集人，所以那時期的專業委員會委員們，全心全意投入及不求回報的精神讓我記憶深刻；像是進出口委員會召集人是周衛敏協理（聯電），不厭其煩的與海關溝通協調，爭取各項通關的便利性或是關稅優惠措施等。財務會計召集人丁惠香財務長（台揚），辦理優秀財務人員選拔時，因公會財務狀況還是處於困境，她自掏腰包購買K金小鎖片送給當選的優秀財務人員；甚至是秘書學會的委員們，都被自己的另一半調侃：「你們這群女人，下了班不回去作飯，還在開什麼會？」還有位先生竟在會議室外默默地等待該回家作飯的妻子。

孫理事長時，辦訓帶進重要收入

孫弘理事長，則是位認真執著的理事長，他一直惦記著曹理事長對他說的：「你當理事長不需要為錢的事情煩惱，只要負責主持會議就好」，於是乎每一季的理監事會，孫理事長從兩點開始在管理局的六〇八會議室主持理監事會，四點趕往科技三路一號公會訓練教室主持高階主管聯誼會，六點又在五風西餐廳舉行聯誼餐敘，連續六個小時以上，六個年頭，二十四次，不容易啊！曾繁城理事長接任後，改弦易轍，調整為一年只辦一次的歲末聯誼餐會，相較之下孫理事長的毅力令人敬佩。

孫理事長在位的六年，也是各項法令新增訂或修訂最頻繁的時期，記得當時處理《積體電路佈局保護法》，孫理事長的盟立公司是屬機械業，但他身為公會的理事長，為會員廠商爭取應有權益的責任一肩扛，他犧牲四天年假，逐條鑽研；年假結束，馬上召開理監事會取得共識，提出園區同業公會版本，中央標準局無異議照單全收。同時也交待負責智財權委員會的會務同仁應該多吸收這方面知識，因此有機會去參加交大管理學院所開辦「智慧財產權管理」學分班，讓我獲益匪淺。

孫理事長當時還丟了一個課題給我們，他說他無法像曹理事長給同仁年終獎金，而公會的同仁又不像園區企業的員工享有員工股票分紅的權益，我們的獎金需靠自己想辦法開拓財源，只要有盈餘就發給。當下曹總幹事就規劃將公會的訓練業務朝「新竹生產力中心」的模式進行；那個時間點，辦訓可說是天時地利，當時會員廠商入會率高，廠商投資員工進修的風氣盛行，但新竹地區辦訓的單位不多，若要進修需舟車勞頓往返於台北新竹間；而有獎勵就有動力，我們就這樣做起來。這是一個非常重要的轉捩點，現在二十七位會務同仁中，有八位同仁專職於辦訓業務，兩位兼辦，訓練課程的收入比重占公會整體收入的四分之一。

湯副祕書長在公會歷任六位理事長領導，會務閱歷最深，經常擔任公會重要會議場合司儀，台風穩健，深獲好評

曾理事長時期籌建會館

曾繁城理事長雖然只擔任一屆三年的理事長，但每次的理監事會，都會提早十分鐘到會場閱讀會議資料，（因當時的公會還寄居在管理局裡，沒有多餘的空間可設置理事長辦公室）。曾理事長對會務的運作方式，是依個案成立專案小組，先行研究具體成果再向理監事會提出報告，例如當時最棘手的環保議題，就委由常務理事黃彥群、敖景山，監事張致遠打理。921大地震後續的供電供水，交由徐嘉立召集人領軍的水電氣委員會負責，籌建會館大樓也成立9人任務編組（曾理事長、孫弘監事長、黃常務理事彥群、林常務理事銘瑤、敖常務理事景山、謝常務理事其嘉、張監事致遠、林協理雲龍、曹總幹事典章），並充份授權曹總幹事典章運籌帷幄，會館大樓的建置費約一億五仟萬，銀行貸款四仟五佰萬，其他經費全部自籌，沒有向會員廠商籌募一毛錢。

童理事長財星高照，開枝散葉中、南科設辦事處

跟童理事長做事最自在了，也許是因為他大器大度、下指令夠明確吧！下屬不用揣摩上意，就能有效率的完成交辦事務。記得童理事長上任之初，會館大樓也趨近於完工階段，有天陪他巡視各樓層的格局，到四樓露台時，他突然說：「玉惠啊！這女兒牆驗

收沒？有沒有修改機會」，我說：「磁磚的顏色您不喜歡嗎？」他說：「這女兒牆的施作法，外牆高度若比內牆高一公分，保證這外牆永遠不會花花臉（雨水順勢向內流）」，在場的建設公司監工聽了二話不說，馬上請人把六樓及四樓的女兒牆打掉重新施作。時間證明了一切，會館大樓十年了，外牆磁磚果然沒有留下水漬痕跡。

童理事長在任的六年福星高照，明明因興建會館有四千五百萬元的負債，但因會員及會費收入有成長性的突破（他上任那年（二〇〇二）的會員突破三百家，會費收入突破三千萬），除了支應當年度的還款計劃外，還有可觀的盈餘，不但一舉補足了這些年來，未能提撥足夠的會務人員退撫準備基金；也順勢開枝散葉建置了南部園區辦事處及中部園區辦事處。

童理事長深知委員會的委員們是理監事會的重要舵手，委員是協助解決會員廠商在營運上的專業人士，為表達他們對公會貢獻的感謝之情，除了贈書（前行政院長陳冲先生著的《法國狼與貓頭鷹》）、贈年卡等，還辦了兩場空前絕後的民歌演唱會，二〇〇四年的歲末聯誼餐敘中，還致贈禮券給委員會正副召集人呢！

童兆勤理事長（中立者）和同仁在園區公會廿周年慶合照

禮數周到，最認真的謝理事長

該怎麼形容謝理事長？他是公會的資深理監事，而我算是公會資深會務人員，所以我們的關係可說是「有點熟又不會太熟」（其實是我跟謝夫人先熟的），童理事長於二○○三年六月調升我為副秘書長時，第一份祝賀盆景，就是謝理事長差人送來的。

謝理事長是個「禮數周到」的典型業務經理人，只對具有挑戰性的事感興趣，精力旺盛無窮，跟他做事，節奏要快、反應要靈敏，還要聽得懂弦外之音。他也是一位奇葩

園區公會湯玉惠副祕書長（右一）協助張祕書長打理會務，與同仁相處融洽，深獲同仁喜愛

人物，會開飛機，嘗過黑蜘蛛，開著掛有台灣車牌的吉普車行駛於天安門廣場、收藏手槍、還是玩音響的發燒手。

謝理事長的任期將於明（二○一四）年四月屆滿，但這近六年來能讓馬總統、行政院長、立法院長到三個科學園區達三十三次，馬總統甚至是親臨本會與我們的理監事舉行座談，我們也前去總統府拜見馬總統兩次，即便是所謂的六大公會也望塵莫及；更遑論我們召開數次的記者會為會員廠商爭取應有權益；拜會各科學園區所在地的縣市政府首長，建立密切的共生關係；組團前往大陸參訪等

等，前所未有的積極作為，大大提升公會的能見度。

公會三十年了，第一年的會務績效考評就獲內政部評核為「優等」，總計拿了二十四個優等，這些成績的累積，不是一蹴可幾，代表著每一屆次的理監事會們對會務的大力支持及充份授權與信任總幹事（二〇一〇年六月一日以後改稱祕書長）的領導，曹總幹事在公會服務二十五年，已屆齡退休，由於有調查局十幾年的工作資歷，個性屬深思熟慮型，重要的說帖或公文，一定字字推敲，句句斟酌才發出；而張秘書長來自於企業，又是學工業工程的，所以凡事講求的是5W2H，雖然兩位秘書長的個性及作風迥然不同，但不變的是會務同仁們團結一致的向心力；像是中辦處早期在中科工地酷熱的鐵皮屋下，現已離職的游鈞華代處長、陳冠呈，在漫天風沙中服務廠商的辛勞，還有李煜梓處長、郭春暉處長、古秀芝組長、王梅霞副組長、王瑞瑾副組長等中階幹部對會務的熱忱、勇於任事、任勞任怨的工作態度，都足以嘉許。

湯玉惠祕書長(中坐)和姐妹淘合照；自左而右分別是企經會副祕書長王淑娟，蕙竹社社長楊美惠及科管局科長林鳳珠

未來我們將會持續督促會務同仁在專業知識的涉獵，以提供會員廠商更到位的服務。

Chapter 2 卅年足跡

圖片提供／台灣積體電路製造股份有限公司

九二一地震，全台大停電，竹科創造了一個經典：在不到五天的時間，園區恢復八成以上的電力供應！國外媒體還特別來台採訪。

這個經典，除了倚賴科學園區管理局與台電全力支援，台灣科學工業園科學工業同業公會所屬的「水電氣供應委員會」，居功厥偉，這個會代表園區廠商，不徇私、以大局為重，和諧攜手，解決了棘手問題。目前，公會新竹園區下設十六個專業委員會，中部園區七個委員會，南部園區十一個委員會，大家各司其職，參與人皆義務職，戮力為公，無怨無悔。

「公會是竹科廠商與科管局、政府之間的最佳平台」！擇要訪寫了他們的故事，他們都是台灣經濟發展的「幕後英雄」。

一、環保工安篇

讓廠商雞飛狗跳的昇利事件

打開台灣河川汙染事件簿，最嚴重的一件要屬二〇〇〇年七月十三日，發生在高雄縣高屏溪的汙染事件，不僅影響南台灣數百萬人飲水安全，肇事廠商的影響也引起全國的重視。這起事件，把新竹科學園區廠商搞得雞飛狗跳！但竹科如何跟昇利案扯上關係？

話得說從頭，昇利化工是國內當時最大的甲級溶劑廢棄物清理商；案發當天，行政院環保署接獲民眾報案，指旗山溪發現大量死魚，同時間，經濟部水利處第七河川局也獲報，高屏溪攔河堰上游旗山溪大洲大橋遭非法傾倒廢溶劑，造成水質嚴重汙染，台灣省自來水公司緊急停止當地的抽水，大高雄區幾十萬用戶停水六天。

環保單位追查發現，昇利公司接受長興化工委託，清運廢溶劑，汙染河川土地，昇利公司案發一周後遭環保署撤照；問題來了，當時，全國只有昇利化工具備有機溶劑廢液處理能力，竹科廠商聽聞後，焦急萬分。

原來，竹科約八成廠商請昇利化工處理廢溶劑；當時擔任園區公會環保委員會召集人的范光榮回憶說：「其中，半導體業更超過九成」，昇利出狀況，整個園區問題出來了，因廢溶劑屬水溶液，需暫存再處理，或是找到有資格的廠商儘快處理。

為了處理氟化鈣污泥，管理局曾建置的乾燥廠

那時，工研院工安衛中心透露，半導體及光電廠在黃光製程時使用的有機溶劑，例如異丙醇、丙酮及光阻劑等，製程中可能摻混一些不穩定的化學物質，大量存放過一陣子會發熱、燜燒，易釀成嚴重工安事件。專家還預估，如果科學園區廠商廢溶劑去化問題不解決，不出二個月，將有廠商發生火災等重大工安意外。

不僅廠商緊張，環保署也緊張，請國防部及工業局積極找尋適當儲存場所，希望三個月內找到具備廢溶液處理技術與規模的機構，協助解決廠商燃眉之急。

昇利關廠導致廢溶劑處理價格上漲，公會與科管局出面協助緊急應變

當時擔任公會環保委員會召集人的范光榮指出，竹科有六十家廠商的廢溶劑委託昇利處理，其中屬於新竹縣轄區的廠有二十家，新竹市部分四十家，一個月的廢溶劑量約一千五百噸，以半導體、光電及資訊業居多，在環保署吊銷昇利執照後，坊間廢溶劑處理價格更一夕數漲，一公噸從一萬元漲到二萬元，還不一定排得到。

時任華邦電子工安處長謝看說，廢液問題非常急迫，「再不處理，明天就滿出來」；他描述業界急尋替代處理廠的急迫性，「簡直像溺水者急著攀抓浮木」，大家都跑南部去，「你分幾噸、我分幾噸」，至於價格只能任憑宰割，還不一定等得到。當年，旺宏電子的設施與職業安全處長徐嘉立也說，「廠商只差沒跪下來求廢液處理業幫忙！」

其時，任公會常務監事的張致遠認為，合格廢溶劑清理廠商家數太少，政府應獎勵有技術、有能力的業者設置合法廢溶劑處理場；至於短期間，應協調尋覓廢溶劑暫存地點，並擴大現有處理業者的處理容量。

范光榮說，吊照停工不是最好的辦法，政府應委託環保團體或中立第三者監管昇利，讓設備繼續運轉，才是最佳解決之道；不過，撤照了沒辦法，公會與科管局組織

「應變小組」，七月十九日召開環保委員會議，請各廠彙整每月廢溶劑總量，尋覓可以暫存或處理的廠商。

暫存加當助燃劑燒化、解除危機，後續仍需政府配合完善處理

「廠商代表到處跑，先在台中港區找到大型儲槽」；不過，因竹科的量不符當地業者的經濟規模，加上處理費高，只好放棄。不到一個星期，再找到彰濱工業區內的油源公司，借用空置的儲槽；他說，這家公司原本作化工類產品，有空儲槽可以存廢溶劑。

為了慎重起見，環保委員會與科管局還訂定廢溶劑專用儲槽的處理原則，包括分類、清運時間、頻率、隨車稽查及清運費用，讓各廠遵循，並由科管局與油源公司簽訂一年的清運合約，從二〇〇〇年八月十六日起到二〇〇一年八月十五日，所有廠商都把廢液載到那邊去，請油源公司燒掉，「一周燒一次，一次數量約四十到五十公噸」。

環保委員會還找到一個替代方案，就是跟水泥廠合作，提供廢溶劑，跟重油燃料混在一起，當作助燃劑；既解決竹科廠商問題，水泥廠也可減低燃料成本，「後來，有部分廢溶劑就送到台泥、亞泥與幸福等水泥廠」。

范光榮說，這事件竹科廠商配合度高，也展現無比效率；隨著廢溶劑處理廠商增加，這方面的問題，終於解決。

一、環保工安篇

重大工安事件的因應與省思

八吋晶圓廠密集，工安事件損失嚴重

新竹科學園區第三期開發區，自一九九四年由廠商申請進駐後，在短短四、五年內，成為台灣八吋晶圓廠最密集設立的地區；也由於這段期間八吋廠的迅速建設，在快速擴充產能過程中，出現數次損失慘重的工安意外。

一九九六年十月間的華邦電子三廠，及一九九七年十月的聯瑞半導體，兩座生產八吋晶圓的無塵室，都是在試產階段發生大火。華邦火勢不大且很快控制，但環境遭受煙燻及水漬侵害，價值數十億元的製程設備形同報廢；聯瑞則因易燃氣體外洩，導致大火持續約幾天才控制。總計這兩場大火，造成兩家公司總計約新台幣兩百億元以上的財務

損失，雖獲得保險賠償，但因生產線停擺、重整晶圓廠，加上再度採購設備，期間損失的商機，難以計算。

這兩場意外的發生地點都在園區三期內，但就在聯瑞大火後一個月，位於竹科一期內的六吋廠「天下電子」（後已改名為元隆電子），亦發生火災，起火點在濕式清洗槽，損失在三十億元之譜。頻繁的火燒晶圓廠事件，突顯出半導體製程的危險性，也喚起高科技產業對安全管理的省思，並組成安全聯防及緊急應變之聯合防護體系。

除了火災之外，半導體公司在積極建廠期間，大量承攬員工進入園區工地，也造成部份營建工程承攬商勞工死亡職業災害的增加，一九九五至一九九九年間，竹科內營建工程承攬商共發生二十五件重大職業災害，造成二十七人死亡。

實施嚴檢查制度，杜絕重大工安事件

這段期間，管理局及園區公會相關委員會持續討論，對於工業安全採取許多措施，以提昇園區廠商安全衛生水準。被動層面，採取嚴格檢查制度，凡是安全防護設施、設備及安全管理制度未達法令規定者，均對事業單位及承

中科辦理工安保月消防競賽，女性隊員辛苦拿瞄子沖目標

攬商予以處罰，藉以達到積極管理的作用。

主動方面，管理局結合學術研究機構、專家學者及園區公會組成「工業安全衛生聯防體系」，並研訂「廠區排氣系統」、「化學品供應系統」、「危害物之災害防制」、製程及建築防火設計等安全基準及「災後處理及業者復建標準作業程序」、「防止二次污染及二次災害之作業規範」，以作為廠商建廠及防災之參考；另對承攬商、廠商工安衛人員實施安全衛生教育訓練及在職訓練，以建立安全意識觀念，並提昇其工業安全專業水準。

聯電成立國內唯一電子業專屬消防隊

此外，聯瑞火災亦讓大股東聯華電子痛定思痛，於一九九九年四月成立高科技消防隊，隸屬於聯電風險管理暨安環部，為國內電子業唯一成立專屬消防隊之企業。目前成員共一百一十八位，包括全職隊員十位及義消一百零八位，大部分具備碩士學歷，為國內素質最高的救災隊伍。

聯電消防隊

竹科已有直屬於管理局的「新竹科學園區消防隊」，消防人力約有十三人，中、南部科學園區消防工作，則分別由在地市政府監督指揮。

半導體廠大火，除了造成重大的損失，對保險業來說相關的財損及保險理賠也是震驚了業界，尤其國外再保公司甚至一度對國內半導體業的再保業務視為燙手山芋，而保費無形中也增加不少，廠商對於要保的項目及內容更是審慎。

華邦電無私分享火災防制檢討，並協助保險費率下降

聯電消防隊演練情形

根據台灣省各地建築物之火險費率核定，統由台北市產物保險商業同業公會針對各業、性質、建物結構，分別認定為A1-A5五級，然後再依建物所在地區，加收「地區加成收費」，科學工業園區被認定為新竹市地區，加收百分之十之「地區加成收費」。

如果地區消防設施規劃完善，可由當地管理機關函請台北市產物保險商業同業公會派員勘查，並作成書面報告，送交該會之火險委員會召開委員會議通過後，即可減免「地區加成收費」。

華邦電子在火災之後，不但公開辦理討論會，提供產業界及管理局作災害防制之參考。並早在一九九〇年由當時負責風險管理的黃泰來經理（當時擔任園區公會企劃管理委員會副召集人）與保險公會溝通、議價、談判之過程後，建請園區公會在一九九〇年六月八日函請管理局協助將消防栓單出水口改為雙出水口，不過局裡回覆財產已移給自來水公司，但自來水公司也無此項預算編列，最後由廠商依比例出資分攤改善費用，而此一結果每年約可替全體廠商節省總額約兩億元的保費。也因為這項提案，對園區廠商貢獻很大，園區公會也在適當時間給予表揚。

提案減免地區加成收費的黃泰來經理

此後，廠商間之災變聯防機制工作、事前的訓練、安全設施的備置、檢查與工安證照的要求與核發等等，都是保障園區工作者安心工作的必要制度，並取得良好的成果。

二、公共事務篇

千呼萬喚，竹科游泳池重新整裝開幕

竹科游泳池及周邊運動設施重建，煥然一新

今年（二〇一三）六月卅日，一個風和日麗的星期天，竹科人工湖畔的游泳池搭建了一座拱形門，紅紅綵球串連著擺在泳池門口，新搭建的泳池遮網色彩鮮艷的在陽光下，令人耀眼奪目，竹科的游泳池經過重新整理，煥然一新開幕。

新的游泳池開幕，最高興的莫過於住在人工湖宿舍區的員工及子女，還有周邊三期安遷戶的居民們，科園里的

重新整建的竹科宿舍區游泳池煥然一新

羅里長致詞時就大聲的感謝科管局顏宗明局長，最認真做事，有求必應；殊不知包含游泳池及周邊的體育設施如籃球場、網球場等休閒設施，自一九八一年完工迄今，一直都未好好重新整治，園區公會在廠商及住戶長期反應下，很早就由企劃委員會提案並經理監事通過在案，行文科管局，要求改善，但礙於政府相關法令規定及經費問題，拖延數年，終於在顏局長任內，重新覓得承作營運商，完成整體改建，也讓大家在炎炎夏日，多了一處休閒地點。

竹科宿舍區游泳池改建開幕剪綵

園區公會企劃委員會提案，改善老舊公共設施

園區公會企劃暨公共事務委員會於二〇〇九年九月十一日召開「企劃委員會議」，針對戶外休閒公共設施老舊討論並做成會議紀錄；要求竹科局能針對園區現有「戶外休閒運動設施（游泳池、網球場、籃球場及溜冰場）」，以及靜心湖周圍環境進行檢討，相關建議意見包括游泳池開放時間過短、更衣間髒亂有異味、池畔邊雜物凌亂、泳池無遮陽設備、柵欄老舊脫漆。

網球場及看臺座椅老舊、油漆脫落、地板脫落、廁

竹科宿舍區游泳池開幕，承包商感謝公會和科管局協助

所及淋浴間破舊不堪、燈塔電桿脫漆。籃球場垃圾堆積如山、油漆脫落、地板脫落、籃網破損。外圍步道階梯破損、損壞看板隨意擺放。靜心湖部分牆壁未粉刷油漆、野草滋生。

委員會也建議管理局短期應先針對安全、整潔性進行管理與設備修復；中長期則應整體重新規劃現有「戶外休閒運動設施（游泳池、網球場、籃球場及溜冰場）」，另可導入休閒及創新元素，達到結合生活機能之效果。

委員會也希望，管理局往後有關招商評選等會議，是否請考量邀請園區公會企劃委員會擔任代表委員或出席與會旁聽。二〇一〇年四月二十九日企劃委員會再度召開幹部會議討論園區泳池問題，二〇一〇年五月十八日再度開會針對「科學園區宿舍（泳池）公共設施維護方案」討論。

竹科局重視廠商意見，編列經費維護園區好環境

園區公會在第九屆第十次理監事會再次提案，建請廢止園區宿舍游泳池，並以園區

廠商現有游泳池為替代方案；惟因該游泳池尚未報廢年限，未能採行，如今幸賴顏局長決定編列經費，好好整治才有今天的結果，也再次展現公會與科管局協力打造良好的科園環境。

二〇一一年六月二十四日科管局在公會第十屆第二次理監事席會議就已回覆表示，有關園區游泳池內外環境清潔整理，承包商已於六月二十八日前完成整理，相關運動設施及游泳池體設施改善所需經費，竹科管理局已於二〇一二年編列預算，終於在今（二〇一三）年六月三十日完工啟用。

二、公共事務篇

園區公會爭取南科設高鐵站案

高鐵穿越南科高科技樞紐，過站不停、望車興嘆

台南科學園區是我國在南部地區科技產業的領頭羊，具有國家櫥窗與樞紐地位，園區特定區尚含括樹谷園區，L&M區之陽光電城，但卻面臨地處城鄉偏遠，大眾運輸相當不便之窘境，更甚者高鐵穿越其間，卻未設站，園區公會自二〇〇九年即大力爭取迄今，未如願設站，但其間辛苦及過程為之記，並感謝那些努力過的人。

本案首次是在二〇〇九年十二月十八日公會第九屆第八次理監事暨立法院王金平院長南下與南科廠商座談會中提案；內容是理監事建請高鐵於台南科學園區設站，以助益南台灣科技重鎮健全發展，增進產業經濟與地方繁榮。

南科園區副理事長陳麗芬指出，高鐵台南站設於沙崙有當年背景因素，依現行需求來看，值得重新評估在南科設置輔助站之可行性，依據二〇〇八年七月二十三日《自立晚報》分析報導，進出高鐵台南站的旅客約有三分之二是與南科有關的人士，當所有中北部到南科的高鐵旅客，眼見身經一棟棟廠房擦身而過，卻還須花約半小時時間，從沙崙站搭車到南科，徒呼奈何；而南科欲搭高鐵者，也眼見一列列高鐵呼嘯而去，這種「路過家門、出入不得」的窘境，真是情何以堪，難怪大家對有關當局抱怨連連！

高鐵台南沙崙站到南科計乘車跳表單程六百五十元（砍價五百元），已是新竹到台南票價的百分之七十，而時間上，路經南科到沙崙，出站再搭計乘車到南科，前後共多費時約五十分鐘，也相當從新竹到台南走一趟，目前交通部雖規劃沙崙到善化之台鐵接駁措施，但仍屬補強改善措施，徒浪費時間金錢。

高鐵設南科輔助站有正當性，應加快腳步

基於以上情理考量，建請政府研議高鐵儘速設置南科輔助站具有十足正當性，因此公會南科理監事建議：⑴政府承諾高鐵新三站苗栗、彰化、虎尾將如期興建，當此南科極需之際，建請納入「三加一」評估考量，希於南科設站。⑵尊重高鐵為政府與民間BOT合約關係，有關南科站不在原合約範圍乙節，建請行政院、國科會、南科局、交通

部政策考量，基於科技與地方發展之公共利益和邊際效用，提供設站用地及興建事宜。

後續推動情形：經建會黃萬翔副主委於二〇一〇年二月五日召集開會研商高鐵台南站至南科連絡道相關事宜會議結論。

(1)有關如何提高南科園區交流道通行意願乙節，交通部預計於二〇一二年實施計程電子收費，屆時即可改善現行用路人為規避主線收費站衍生交通壅塞問題。在電子收費前，請公會與會員妥為溝通宣導，並研擬對策辦理。

(2)南科至台南高鐵站相關聯絡道路之關鍵，交通部及內政部均已納入行政院核定之生活圈道路交通系統建設計畫辦理（補充附註：自新市區永就里高鐵旁至南科段第一期工程已動工興建），為現階段可解決問題之具體措施，請加速趲趕，儘早完成。

原有建議高鐵橋下快速道路部分，並已研擬替代方案，可達改善效果，請加速辦理。其他交通運輸配套措施，還有台鐵規劃辦理中之沙崙支線駁運輸，預定於二〇一一年元月啟用（補充附註：二〇一一年元月二日已完工啟用），請交通部注意營運前準備，以及提供南科至台南高鐵站之運輸轉乘無縫接駁服務。

謝理事長和陳副理事長領軍，賴市長允諾全力協助爭取

二〇一一年四月二十六日園區公會謝其嘉理事長、陳麗芬副理事長、張致遠祕書

園區公會拜訪台南市長賴清德

長、湯玉惠副祕書長、郭春暉處長等，於拜會台南市賴清德市長時，亦再度向賴市長反應並盼協助促成爭取南科高鐵設站案。

惟賴市長回應表示，針對該案他也甚表關心，並曾向高鐵局有關高層當面力爭。但是，該高層主管明確指出，南科爭取設站，因未能像第二波增設車站縣市如彰化、苗栗等，已事先預留站體設施；就技術面來講，施工期間將造成往來南科路段的高鐵列車必須停駛半年，以利工程進行；而這項須停駛半年的結果，嚴重影響南來北往的高鐵列車大眾運輸量能，這責任任誰都無法負擔承受。因此，本案建議是不可行的。

謝理事長於八月一日再指示：經由以上反應處理努力後，雖尚未能達到促進高鐵南科設站目標；惟仍期望能擇期繼續向高鐵局、交通部反應。即使在本（十）屆理監事任內，仍無法促成本案，亦能彙整一份完整報告向理監事報告說明公會之努力經過。

二、公共事務篇

自力造屋，科學園區的安居計畫

科學園區安居計畫是科技從業人員集體自力造屋代表

科學園區的「安居計畫」是台灣最早集體自力造屋的代表；當時一群群科技從業人員穿梭在寶山，尋找可供開發社區的土地，跟當地的農民、地主議價，買下地之後，歷經種種環評、開發、規劃、設計、道路開發、水電申請，幸運者歷時數年至十餘年有成，運氣不好的，半途而廢，成為開發科學園區另一頁令人難忘的記憶。

華邦安居家園

一九九〇年左右，竹科廠商的員工人數已經突破三萬大關，加上鄰近的研究機構工研院、清大、交大也步入成長期一段時間，員工人數亦直線上升，其中絕大部份是由外縣市來到新竹工作，對社區住宅的需求最為殷切。

然而新竹縣市平地區域有限，當時一般建商的社區住宅大多缺乏整體規畫，居住環境不盡理想，因此很多公司或機構，皆自動發起集資購置山坡地作為社區開發計畫，希望透過集體興建住宅降低成本，並規畫更寬敞的居住環境，不僅解決員工居住問題，還可以讓新竹郊區的丘陵區域帶來發展機會。

廠商籌建的安居計畫住宅，距離園區不遠

工研院首開大科學園區安居計劃之先

最早提出安家計畫構想的科技機構是工研院，一九八五年左右，一批員工在新竹縣寶山鄉合資購買土地，希望打造獨門獨院別墅社區，先定出每單位四十萬元的購地價碼，沒想該地不久後變更為水庫用地，也就是劃入後來寶山第二水庫的區域，所有繳費成員只能看著四十萬元無從歸還，大家也互虧這是「水底城」計畫，成為日後竹科企業進行「安居計畫」時有名的前車之鑑。

一九八五年之後，陸續發起安居計畫的公司單位，包括清大、交大、聯電、華邦、華隆微、台積電、宏碁、神達、美台、科管局及同業公會等。根據一九九〇年那時候的統計，這十餘家公司及單位機構預計購置總面積約三百多公頃的土地，雖然規畫內容與申請開發時間各自不同，但許多與公部門申請事項的執行經驗可以互相交流；為了協助各單位員工早日實現「購地者有其屋」的理想，於是當時在園區公會第三屆第一次會員代表大會成立的第三屆理監事會，同時成立了「新竹科學園區推動員工安居計劃聯誼會」，召集人是清華大學翁正明教授，副召集人有華邦的張致遠、聯電子馬國棟和工研院的劉榮隆。

聯誼會成立之初，是希望藉由組織，一方面集中力量向各級政府機構陳述開發宗旨，建立管道，爭取協助，另一方面也可以共同研究解決未來社區安全警衛網建置、聯外道路系統、社區學校設力位置，以及家庭污水處理設施等問題，可謂理想遠大。

狀況百出、安居計劃未如預期；台積電「晶圓社區」首先完工

然而「購地者有其屋」的夢想成真之路非常漫長，除了各項執照如地目變更、環評、汙水處理等申請過程繁雜無比，成員廠商自身的經營狀況也各有消長，又因

一九九七年林肯大郡之崩坍及一九九九年九二一大地震發生了一連串意外，政府修訂更為嚴格的山坡地住宅規範，未取得開發許可的安居計畫等於無疾而終。

還好少數規畫安居計畫的竹科廠商，仍按部就班，逐步完成社區興建；其中，台積電安家計畫的第一、二期，因環評問題等不了了之，一直到第三期在新竹香山中華大學附近，覓得一塊包含山坡地及丁種建地的區塊，展開社區規畫興建工程，這個名為「晶園社區」的案子在一九九三年完成，成為竹科最早完工的員工安居計畫。台積電這處員工自組安居計畫共有一百三十戶，當年每戶購地加蓋屋成本大約為四、五百萬元。

聯電、華邦隨後趕上，築巢有成

比台積電更早展開的聯電安居計畫，始於一九八八年，是由當時在聯電任職的曾子章（現任欣興電子董事長）協助號召推動，以聯電員工為主，加上部份清大、交大、工研院、及園區同業廠商，共同買下寶山鄉三峰村附近數十公頃的山坡地，規畫戶數為兩百四十三戶，更經過了十五年慢工出細活，於二〇〇三年才開始交屋。

另外，華邦電子展開安居計畫的時間也在一九八八

聯華山莊

新竹山莊

年，購買新竹縣寶山鄉四十公頃土地，規畫為四百二十二戶的社區，日後成為「新竹山莊」，於二〇〇三年開始交屋，同樣經過了十五年漫長路途。不過，現在晶園社區、聯華山莊及新竹山莊，都成為新竹近郊頗有口碑的別墅社區。

時至今日，由於竹科的蓬勃發展，園區所在地新竹及竹北地區新設立的建案不斷推出，不但滿足就業人口在房屋供應量的需求，也提昇了住屋品質；但回過頭去問當時推動自力蓋屋安居計劃的關鍵人員，大家幾乎都異口同聲謝絕再辦，因為建築的事要交給專業機構去辦，才更有效率，大科學園區自力蓋屋計劃，只能看作是園區發展過程中的一個插曲。

二、公共事務篇

調降管理費，助廠商過難關

金融風暴來襲，景氣如斷崖式墜落

二〇〇八年下半年，金融風暴突襲，全球景氣如遇懸崖般急墜，台灣最重要的科技產業亦嚴重受創，包括台積、聯電、TFT-LCD龍頭大廠友達光電、奇美電及下游封測、電腦周邊廠商，紛以裁員、減薪、休無薪假等措施因應。

金融風暴是台灣科技業發展二十多年來「最寒冷的冬天」

營收驟減，園區管理局每年固定向廠商收取土地、廠房租金及管理費用，讓多數廠商喘不過氣來！公會不畏逆襲，在混沌未明的大海中，挺身而出，向中央力爭調降科學園區管理費，連兩年，協助科技廠商度過難關，省下的經營成本，超過二十億元。

二〇〇八年這場金融風暴，根據新竹科學園區管理局統計，上半年產值還有百分之四點二五的成長，但是，八月雙月報，已經負成長百分之二點四，十月更衰退百分之四點六，十二月降幅更大，到十二月中旬，竹科廠商資遣人員已四千多人，還不包括派遣人力。

廠商稱業績像「溜滑梯」一樣，急轉直下，有

面對金融海嘯，馬總統（中立者）到竹科和園區廠商座談，也讓調降管理費案拍板。（右二）為公會謝其嘉理事長，（左三）為國科會主委李羅權

廠商的高階主管帶頭減薪，副總以上減百分之十五，廠、處長減百分之十，每個月有三天無薪假，生產線部分，產能利用率調配，以往「作二休二」，當時出現作四休三或鼓勵休假；DRAM廠受創最深，「做一顆賠三顆」。

公會理事長謝其嘉說，企業「能省一元就是一元」，當公司都難以為繼，全國都要有度小月的心理。

命運共同體，園區公會向科管局提訴求

眼見情勢不妙，公會在二〇〇八年十二月，在第九屆第四次理監事會中，決議向科管局提出「階段性調降減半園區土地、廠房租金及管理費」提案。

公會企劃暨公共事務委員會提案指出，全球遭金融海嘯襲擊，經濟成長嚴重衰退，產業訂單急縮，連帶影響到營運成本，未來整體經濟混沌，廠商生存日益困難，且短期內要復甦機會渺茫。

公會強調，為了維持台灣科技中心及整體產業鏈的競爭力，希望科管局秉持與廠商同為「命運共同體」的精

金融海嘯馬總統到竹科公會與廠商座談，協助廠商解決問題

神，同時呼應馬總統「共體時艱」口號，共度景氣寒冬，為長遠留才和產業永續發展想，慎重考慮。

公會理監事提出3點建議：

1.分階段調降減半園區土地、廠房租金及管理費，以減輕現有廠商負擔及招攬更多外部廠商入駐。

2.同時給予適當緩繳期限。

3.園區眷舍及單身宿舍租金，應依每間宿舍耐用年限及剩餘價值，房屋現值每年檢討調降。

二〇〇九年一月九日，公會召集新竹、中部與南部的理監事代表，公開向總統馬英九提出廠商的五點心聲：「不抽銀根、免徵證交稅半年、調降工業用電、廢除研發替代役基金，以及調降科學園區管理費與租金」。

理事長謝其嘉認為，高科技產業最重要資產是人，非不得已廠商不會裁員，非常時期，政府一定要有健全的配套及快速反應，才能協助廠商度過難關。

廠商因應景氣，會作出各種降低成本的策略，這是廠商盡全力保有競爭力作法，謝其嘉強調，政府只要在適當時機，做出正確配套，就是最大的幫助。

一個理念、兩個原則、五個課題

謝其嘉與中科副理事長沈國榮、南科副理事長陳麗芬、監事長童兆勤與常務理事孫弘等人，彙整廠商意見，共同提出「一個理念、兩個原則與五個課題」的呼籲。

一個理念是：「政府挺銀行、銀行撐企業、企業顧員工」；兩個原則是：「健全配套有效對治，以及時反應快速解決」；五個課題就是包含調降管理費的心聲。

二〇〇九年一月七日，行政院會向高科技業送出寒冬大禮，核定新竹、台中與台南科學園區的管理費，從企業銷售額千分之一點九減半為千分之零點九五，減徵時間從今年元月一日起，為期一年。

同年一月九日，總統馬英九率政府官員到竹科，與廠商座談，確認了管理費減半的措施，也親自聆聽廠商的心聲。

當年國科會主委李羅權預估，這項減半徵收政策，將使當年科學園區管理基金短收約十九億元，但是，對科學園區高科產業廠商，卻能減輕營運上的財務負擔。

爭取管理費持續減收，以利復甦

不過，這波不景氣，延續了一年半，二〇〇九年情況並未好轉，公會分別在當年十一月及十二月，發函行政院國科會、立法院等單位，建議「持續維持科學園區管理費減收」的重要政策，俾利科技產業健全復甦，提升台灣國際競爭優勢。

原來，國科會認為景氣已經復甦，要求廠商依原核定的期限，恢復原有費率；公會認為，所謂景氣復甦，僅限少數廠商，並非全數，以北、中、南三個科學園區管理局當年十一月進出口貿易額統計，二〇〇九年一至十月總出口額是七千零七十二點五億元，較去年同期九千三百九十點四一億元，減少百分之二十四點六八，總進口額前八個月更僅三千三百七十八點八億元，和去年同期五千九百六十三點五四億元相較，負成長百分之四十三點三四。

在整體貿易總額方面，是一兆零四百五十一點三億元，比前一年同期一兆五千三百五十三點九五億元，大幅減少百分之三十一點九三；再以產業別來看，六大產業中，規模最大的光電產業貿易總額前十個月衰退達百分之四十點一九，其次，積體電路產業也衰退二十二點五妻，整體園區貿易總額前十個月的衰退幅度，仍有百分之三十一點九三。

二〇〇九年十二月發行的亞洲週刊，全球華商前一千大排行榜內，四十家虧損最大的企業，科學園區就有：力晶、聯華電子、華邦電子、瀚宇彩晶及奇美電子五家，依股市公開資訊顯示，當年一至十一月累計營收，光這五家大廠前十一個月的年增率皆為負數，最好的還負成長百分之九點七八，最慘的負成長百分之五十點二，所謂復甦，實在還有一大段距離。

不景氣時代，營運儘管困難，要長期留住人才，廠商仍得咬緊牙根，定期調薪；當年，半導體龍頭廠台積電率先提出「明年加薪百分之十五」的策略，面板大廠友達也跟進調薪，不過，友達的帳面，前十一個月的營收，仍較去年衰減百分之二十二點七一。

當年，園區近七百家廠商中，營業額逾百億元約十家，營業額在五十億元以上也僅二十四家，其餘規模均屬中小型廠，多數營運仍艱困，根據統計，僅三分之一廠商有盈餘，其餘三分之二皆虧損或嚴重虧損。

救援政策有利廠商甩開金融風暴

數字會說話，理事長謝其嘉認為「行百里，半五十」，科學園區管理費減半的措施在二〇〇九年的確發揮及時救援功效，讓廠商在谷底翻升抓住博命的力道，但面對景氣翻騰，仍賴奮力一躍的推撥，雖然政府財政困難，但要振興產業，如何把錢花在刀口，以抓雞蝕米、推波助瀾的策略，讓科技產業有最佳的機會，一躍抓住商機，再躍帶動就業機會，相信隔年經濟順勢而起，可以甩開金融風暴的陰霾。

藉由公會積極奔走、爭取，政府決定延續減收科學園區管理費政策，儘管只減原定標準的四分之一，也著實讓廠商的擔子，減輕不少，在下一輪的景氣揚升的波段中，可以乘浪而起，健步往前。

公會不僅在管理費上據理力爭，維護廠商權益；近幾年，在土地、廠房及宿舍、停車場的租金費率部分，也鍥而不舍地，向科管局、國科會爭取合理待遇。

「科學工業好，國家就好，也是全民之福」，公會理監事認為，該做的會力挺，不為己，為的是國家的競爭力。

三、園區智財與管理篇

專利除罪化，解救廠商免除不合理的專利刑責

曹興誠理事長推動專利除罪化，孫弘加碼為產業爭理

在聯電榮譽董事長曹興誠擔任公會理事長的後期，以及後續擔任監事長時間，他花費極多時間在專利法修正的推動；續任理事長的孫弘董事長也陪同參與許多與政界、民意代表、國外在台機構等的溝通協調。

一九九四年，立法院先通過廢除發明專利的有期徒刑處罰部份，又於二〇〇三年將專利法全面除罪。歷經十五年的耕耘協調，是園區公會對台灣各產業界最實際而重要的貢獻之一。

曹興誠董事長回顧最早開始推動專利除罪化的想法，是他在園區擔任理事長時，也是工業總會的常務理事，並在工業總會兼任智慧財產權小組召集人。許多智慧財產相關的事務會議，他都會參與，不久就注意到，「報紙上看到有外商來告台商侵犯專利，最後連警察也來，把總經理抓去派出所照相按指紋」。他想：「奇怪！美國我們也打過很多專利官司，都沒有這種刑事問題，怎麼台灣有刑責呢？」

曹興誠董事長堅持專利刑責應除罪化

原來，美國、英國是海洋法系，而台灣、中國、日本、德國是大陸法系，大陸法系對專利的侵害是有刑責的。「可是我再仔細去查呢？人家德國從一九三九年以後，就沒有用刑責處理過專利訴訟，日本也沒聽過侵害專利要用刑事。」

專利是核給的，被侵權應該採民事訴訟

曹興誠分析，專利根本是採民事審理，因為你向專利局申請一項專利，專利局核定專利，只是根據他的best knowledge，他認為這是你的創新，所以給你專利。可是很多專利，其實更早之前就已經有人使用過，稱為既有技術(prior art)。專利局也承認自己的資源是有限的，所以你去對別人提出侵權訴訟，不能用刑事，應該完全民事，讓對方有充份的答辯。

他說，通常國外專利訴訟案例中，有可能高達四成的比例，是你去告對方侵權，但對方把prior art（現有技術）證據找出來，反而把你的專利註消了；因此，專利訴訟是不能用刑責的。「我發現這問題很嚴重，假如我們高科技正在起飛的時候，老外他們來告專利，帶警察來，這怎麼辦呢？沒辦法啊！所以我說一定把它拿掉。」

曹興誠先向立法委員們推動他修法的想法，找了兩位新竹地區立委，他記得立委的第一反應都是說：「你要幹什麼？你要仿冒人家嗎？」後來，曹興誠就開始寫文章、接受電視專訪、公開演講，找立委一個個談，推動他的專利侵權免刑責想法。

「那個環境非常不利，為什麼？因為美國動輒用三〇一、黑名單等籌碼來威脅我們，郝柏村當時上來做行政院長，他有次在電視上講說，仿冒是個強盜行為，我們一定

要加以消滅。然後馬英九做法務部長，他對這個也是不懂，我就在立法院開始推動這件事情，我受到很大壓力，真的很辛苦。」每個人都說：「你們是要仿冒人家嗎？為什麼要把刑責拿掉？不是要重視智慧財產權嗎？」

智財權有四種，侵權態樣和處置各異其趣

有一次，當時的行政院長郝柏村到科學園區來視察，曹興誠與多位園區公會代表也與他吃午餐。曹興誠就開始問：「院長，請問你曉不曉得智慧財產權有四種，他不知道。胡志強那時是新聞局長，也愣住。」他接著說：「智慧財產有四種，商標、著作權、專利，還有營業秘密。這四種侵權的性質態樣跟處置，都各異其趣。像商標仿冒是欺騙的行為，有刑責，這是大家一模一樣，大家公認的。可是著作權就有灰色地帶了，比如說你考算術，一個問題可能十個人答案一模一樣，並沒有辦法證明誰是抄的，它就是大家一樣。」

「專利是絕對不能有刑責，專利若有刑責就是完全煮鶴焚琴，為什麼呢？因為專利要被侵犯，它才產生價值，如果不被侵犯，它只是個費用。所以說你不能弊絕風清，不准去抄襲，讓很多技術發展受到限制，開發者他也沒有收入可有。」曹興誠滔滔不絕講了許久，後來政府官員離去前，胡志強還跟拍拍曹興誠肩膀說：「唉！給點面子吧，院長出來還這樣糗他。」曹興誠說：「不是給不給面子，是我們現在生死交關哪，你們不

懂實在很糟糕。」

後來，曹興誠與公會終於說服了足夠的立法委員，他記得那時南部比較草根的立委林明義還說：「老曹，如果這個刑事不拿掉，我們血濺會場」。終於，立法院於一九九四年通過取消了發明專利的自由刑。曹興誠解釋，專利有三種：發明、新型、新式樣，各有自由刑及罰金刑。他費時十八個月，一九九四年時只能把發明專利的自由刑拿掉，罰金刑居然還保留，其它新型、新式樣，自由刑、罰金刑都在。全部專利除罪化，是在二〇〇三年底。一路襄助曹興誠推動此法的陳哲宏律師，在車上對曹興誠說：「曹董，我從頭開始到現在，還是不能相信，這個事情我們可以達成。結果我們辦到了。」

拔掉專利刑事毒牙，中小企業主額手稱慶

曹興誠不免感嘆，「過了十年才完全除罪化，我當時的壓力不只是來自法務部，還有一些黨籍立委的壓力，還有像大型律師事務所的壓力。因為專利刑責像毒牙一樣，他們代理外商客戶來抓，好舒服啊！我把他們的毒牙拔掉，他們就很無力，所以也去遊說壓力團體。」

「你看看，這麼簡單的一個事情要改變有多難。我都研究了那麼多，專利天經地義是民事的，絕不能搞刑事，但要去傳達這個概念好困難！這世界是充滿了偏見，非常難。」

三、園區智財與管理篇

園區公會成立Y2K委員會 解除電腦時序錯亂危機

因應公元兩千年電腦時序錯亂危機，園同業公會成立Y2K委員會

Y2K是「公元二〇〇〇年電腦時序錯亂危機」的略稱。主要是因電腦系統採用西元紀年，其中後二位數代表年份，當跨入二〇〇〇年時電腦將誤認〇〇為一九〇〇年的〇〇，而非二〇〇〇年的〇〇。

美國大約於一九九六年開始注意Y2K議題，而科學園區廠商也大約於一九九七年開始，逐漸正視此問題，公會於一九九八年八月出席經濟部舉辦的「製造業Y2K決策高層早餐會」後，開始有所因應。首先於當年十月付費加入資策會Y2K技術服務團，期待運用公會力量，以各廠商為主題，達成實驗交流及資訊共享的效果。而資策會方面也安排

舉辦多場深入探討Y2K問題的研討會及廠商技術成果發表說明等。

一九九八年十二月間，公會正式成立「Y2K委員會」，有四十八家廠商代表參加，召集人為當時台積電資深副總林坤禧，督導單位則為資策會與園區管理局資訊室等機構，並委由資策會技術服務團隊進行輔導運作。這個委員會為一任務編組，待公元二〇〇〇年年序資訊危機解除後，即予解散。

新日光公司董事長林坤禧

自此以後的一年間，同業公會Y2K委員會、管理局及公會水電供應委員會等單位展開密切的稽核工作，也邀請財團法人中衛發展中心協助辦理「宣導因應公元二千年資訊年序危機專案計劃說明會」，理律法律事務所新竹事務所也舉辦「高科技產業因應公元兩千年危機的法律對策」研討會。

園區公會各委員會平行展開相關單位確認同步處理Y2K問題

當時，各廠商自行稽核公司內外相關電腦系統年序，以台積電為例，其Y2K計劃涵蓋全公司業務相關軟硬體系統及生產設備範圍，包括資訊技術基礎架構、商業套裝軟體、自行開發應用系統、製造設備、廠務設備，以及廠商供應鏈等與全公司相關的業務，藉此劃分來解決其相關的電腦年序問題。園區內各家廠商無不以專案小組方式，謹慎確保Y2K時不會有電腦系統的狀況。

園區公會的相關委員會，也與多家與竹科息息相關的基礎建設供應商聯絡，如台電、自來水公司、中華電信、中油、關貿網路公司、聯亞氣體等六家公民營事業單位，請這些廠商確認相關設備能夠處理Y2K狀況，以及相關應變措施。此外，也請廠商就廢污水處理設施及監控設施，檢查有無Y2K問題，並提供檢查結果、相關證明及所研擬之緊急應變計畫函。

園區一百廿七家廠商成立指揮中心「守歲」

一九九九年年底，園區內共有一百二十七家公司成立指揮中心，於一九九九年十二月三十一日晚上「守歲」到二〇〇〇年凌晨。而且，只有六家廠商在Y2K啟動的關鍵時刻繼續生產，其餘一百二十一家都在一月一日後開工。

當時竹科管理局也謹慎以對，在Y2K危機關鍵時刻期間，也就是十二月三十日到一月四日間，成立「園區Y2K危機因應指揮中心」，由局長黃文雄擔任召集人，副局長董良生為副召集人；下設水電、工安環保、消防救難、治安交通、醫療救護、資訊通訊及秘書作業七個小組，全力駐守待命。

四、進出口保稅篇

進出口保稅作業委員會運作，協助廠商提升效率和競爭力

曹興誠任理事長，率先成立四大功能委員會

自園區公會成立以來，海關進出口流程原本是充滿繁鎖細節的行政業務，透過公會進出口保稅作業委員會與海關間的溝通協調，共同為廠商們建構了更有效率的通關環境。

目前擔任公會常務監事的聯電周衛敏顧問，民國七〇年代就來到竹科，並擔任第一代進出口主管，早年園區海關法規比照加工出口區時代，大多數制度與高科技產業格格不入，後來公會與廠商代表成立委員會，與海關合作，把相關法修改得更便民，也見證了科學園區的成長。

周衛敏回憶，早在公會成立海關進出口委員會之前，竹科的王氏電腦、美台電訊等公司海關人員，就不定期聚會，討論彼此工作上的問題。一九八六年，聯電曹興誠總經理當選公會理事長之後，即成立四個功能委員會，包括進出口、財務、企劃及人力資源，希望透過公會委員會的平台，能對區內制度面、作業面等簡化及突破。

進出口貨物手續繁複

早年園區海關是台北

進出口保稅從業人員大多是女性，對於法規討論都仔細聆聽

關派在竹科的支所，那時加工出口區設一個支所，權責很有限，法規比照加工出口區，園區當初有設施管理條例、保稅作業法規等，都依循加工出口區的規定。加工出口區時代的設備進口，多為大型設備，等到科學園區成立，許多機器設備由不同系統組裝而成，產品細項很繁雜，必需申請輸入許可證。周衛敏記得，曾經打過一份報單，輸出入許可證打了十頁的項目名單(item list)。那時「一個機器設備十幾頁是很稀鬆平常的事」。

竹科局長顏宗明頒獎給優良保稅人員

因此，公會進出口委員會就提出研擬取消進出口報單，取代進出口許可證。她很感謝當時管理局及海關相關主管，尤其是海關的支局長、股長等，遇到問題都很願意去解決。竹科廠商的進出口主管，一遇到問題，就直接去找海關支局長或股長，大家面對面討論，「把我們的困難跟他們講，他們會幫我們想，在合理合法的範圍內，去更有效率的處理」。

以前加工出口區門禁管制，因為出口的產品如都是大件包裝。園區成立以後，一個皮箱提出去的產品就很多了，海關怎麼去管制？根本不可能，例如聯電在一九九五、一九九六年電話撥號晶片大賣，為了搶時機，封裝測試廠商在台中，聯電副總經理自己帶樣品到台中趕工，被保警檢查驗貨而留置了一些時間，原來產品進出要有報單，沒報單就出不去。

制度面改進，公會委員會與海關溝通

面對這些繁瑣的進出口程序，很多制度面、作業面、財務面等法規，都是按照園區設施管理條例，以及保稅加工區條文等執行。若是園區廠商提案要求改善，必需取得海關總署及經濟部國貿局的同意。

周衛敏說，當年的進出口法規龐雜得聽起來不太可思議，可是委員會與海關在公會成立大約五到十年間，把許多複雜困難的法規一起解決。這不是聯電、王安或美台任何單一公司在做，而是廠商代表眾志成城，意見傳達給委員會匯整起來，用園區廠商們共同的力量，向相關單位去爭取，如此一來問題便容易得到突破，其中很多是以前不可能解決的事情。

最應該感謝的還是公會；而園區海關歷任的支局長、多位股長等，他們真的很積極有效率，且不必應酬送往迎

公會進出口委員會總召集人賴仁康（右）致贈紀念品給財政部關務署署長王亮（左）

來，即可解決雙方的問題。幾乎所有園區廠商感到不合時宜的進出口相關法案，都在這時期獲得突破，造福後來進駐園區的廠商。

目前北、中、南科三區都有進出口保稅作業委員會，三區召集人分別為聯電賴仁康經理（兼總召），中科召集人是華邦王秀琪經理，南科是群創許峻豪副理，透過三區窗口，一方面得以分別協助各區廠商和海關之間加強聯繫，也可以隨時透過視訊會議，針對共同的問題，或是三區海關有不同見解時的溝通，都能做最有效率的處理，讓廠商擁有最佳競爭力。

公會進出口委員會幹部與王亮署長（右三）合影

五、急難救助與公益篇

園區廠商踴躍捐輸，完成新竹縣市橋梁監測系統

安全監測預警系統，開啟高科技危橋監測新頁

二〇一〇年六月二十八日，公會謝其嘉理事長與前常務理事宣明智（現任新竹縣警察之友會理事長、聯電榮譽副董事長）代表科學園區廠商與國立中央大學校長蔣偉寧共同會勘，並啟用中正大橋的安全監測預警系統。

這次的啟用典禮，出席的貴賓還有總統府秘書長廖了以、新竹縣長邱鏡淳、新竹市長許明財、新竹科學園區管理局局長顏宗明、新竹縣議長陳見賢、何淦銘等多位議員，在大家共同見證下，也開啟台灣高科技監測橋樑的新頁，並趕在颱風季節來臨前正式啟用。

近年來全球暖化環境變遷，極端氣候造成日趨嚴重的災害。台灣山高造成水流湍

急，主要的二十一條河流的流域面積共約二萬四千多平方公里，佔全台面積百分之六十八點四，由於山高、水域寬廣、水流急促等特性，使得台灣大多數的橋樑都面臨了沖刷嚴重、橋樑基礎裸露等危險當中。

二〇〇八年辛樂克颱風來襲時，台中后豐大橋不幸斷裂，造成百姓生命、財產之重大損失，新竹縣市政府即積極檢視轄屬橋樑是否有危橋，經委託中央大學調查顯示有：

公會理事長謝其嘉（左五）、公會前常務理事宣明智（左六）與前總統府祕書長廖了以（右六）、新竹縣長邱鏡淳（右五）等人，共同參與新竹縣市六座橋樑安全監測預警系統啟用典禮

中正大橋（竹東）、竹林大橋（竹東）、溪州大橋（竹市）、南昌橋（橫山）、新興大橋（橫山）及清泉大橋（橫山）等六座橋樑皆有橋墩傾斜情形。

公會前常務理事宣明智倡議發起，會員廠商共襄盛舉

宣前常務理事表示，「有鑑於八八水災對於橋上行車及行人安全造成高度危害，為了讓人身安全能獲得保障，讓台灣科技產業能持續向前，對於橋梁的安全，尤其是抗災能力較低、具有潛在風險之橋梁，一定要以高科技的方式，加以補強並做好品質管理的工作，提昇橋梁安全，消除人們對於行車安全的疑慮。尤其是高科技產業密集的新竹縣市，一旦轄內橋梁斷毀，對外交通不便，將大幅降低產業的競爭力。」

縣、市政府因此籌劃建置上項所述之六座「危橋監測系統」，急需經費共約兩千萬元。但因年度預算不足，曾多次召集相關會議討論經費來源問題，經由宣前常務理事的倡議發起，商請公會會員廠商共襄盛舉，公會也在二〇一〇年二月十一日發文函請會員廠商共襄盛舉，總計有台積電等六十一家廠商參與捐款，總捐款金額達到一千零一十萬八千八百三十二元，而不足之經費則由宣明智先生一肩擔起。

謝理事長並在啟用典禮中表示，順利募到所需款項，首先感謝縣市政府及推動單位，更感謝公會會員廠商大力支持，未來不僅可以讓竹科的員工以及新竹地區居民上、

下班、子女上、下學出入都能更安全，生命和財產也更有保障。

該系統建置目標為確保橋上行車及行人的安全保障，避免於突發性災害發生時造成人命財產的損失。系統監測目標包含「結構行為監測」以及「安全管理監測」兩個大項。透過攝影機、網路通訊、3G手機遙控監視系統等高科技設備及技術，即可在監測平台上，即時監控橋梁的安全狀態，並在危機發生時，及時啟動橋上之警示系統，達到先期預警的功效。

未來民眾經過中正橋，發現橋頭的LED告示牌、橋面的紅色警示燈亮起危橋警示，應該立即停車，不要強行通過，以保障安全。

六、基礎設施廠務篇

九二一大地震，公會與科管局協力恢復公共設施及基礎供應

九二一事件科學園區損失逾百億元

一九九九年發生的九二一大地震，造成許多傷亡，災情慘重，至今仍令人印象深刻，由於九二一大地震發生於凌晨一點四十七分，台灣大部分民眾在睡夢中，大家被地動天搖的震撼所驚醒；雖然震央地點位於南投集集地區，但地震規模七點三，深度一點一公里，新竹地區震度達到五級，這個天災對於科學園區的生產運轉當然也發生了重大的影響。

回顧九二一當天，全園區停電、水無法供給、氮氣無法供給、通訊系統部分中斷，導致科學園區內全部工廠生產停頓，幸而沒有任何人員的傷亡，只是設備的損壞以及生

產中斷導致停工的損失（晶片製造估計損失約新台幣一百億元），當時，幾乎每天都在開會協商如何恢復各項公共設施的供應。

記得在恢復過程中，由園區公會所整理「廠商的心聲」中，包括管理局能幫我們甚麼？何時才能有穩定的供水政策？廠商要如何配合才有穩定、前瞻性的公共設施？為何廠商設立生產線要擔心水、電不足，不穩定的風險？讓人實在不知如何來回答這些問題，也因經歷了如此的天然災害，強烈喚醒我們需要建設科學園區完整的供水環境，以及優質、可靠穩定的供電環境，以因應未來還可能發生之天災。

台電所有發電廠機組設備受到九二一地震重創導至全台停電，在各電廠的全黑重新啟動，分階段陸續恢復供電，至九月二十五日科學園區全面恢復供電（總需電量五十萬千瓦），僅將當時復電的協商情形整理如下：⑴九二一當天基隆協和發電廠先行恢復供電，至晚上十一點園區69KV特高壓供電系統，可供電給科學園區四萬千瓦（約為百分之八）。⑵園區之半導體廠及液晶面板廠為儘速恢復機台製程，各大廠均先以自備發電機緊急供電約百分之二十。

2010年科學園區廠務技術研討會，張致遠祕書長（中）與得獎廠務代表合影

科管局邀新宇汽電共生廠協商救援供電

科管局於九月二十二日晚間邀集各大廠與位於園區內之新宇汽電共生廠協商，請新宇公司提供其剩餘之電力（新宇除供電予力晶及茂矽外，尚可供八萬千瓦）併入台電供電系統，來協助園區各大廠能有更多之用電，其用電價差則由園區用電量較大廠商依契約用電量比例來共同分攤，至九月二十二日供電已可供電至百分之二十五。

(3)為使能平均分配電力，九月二十三日科管局再邀集台電及相關廠商召開會議，決議由台電依園區11/22KV普高壓、69KV特高壓（園區二期）、161KV特高壓（園區三期），以百分之十、三十、六十比例分配用電，至九月二十三日可供應電力至百分之三十二，台電陸續加入部分電廠機組運轉，九月二十四日台電已對園區恢復供電至百分之六十八。

(4)九月二十五日台電發佈科學園區恢復百分之百供電，在這缺電期間，園區作了一些節約用電的管制要求，包括停止辦公大樓空調，夜間只保留少數緊急照明，廠區緊急用電原則由各廠緊急發電機供應，且每天七點、十一

2010年科學園區廠務技術研討會，左是召集人許芳銘

點、十六點須回報用電現況，以總體管制至缺電危機解除為止。相對於區外，需對於一千KW用電量以上工業用戶於每日下午五點半至晚上九點半停止供電或選擇百分之十五的限電（區外十月十日才解除限電）；簡言之，台電對園區連續製程需有穩定的供電，可說已是作了仁至義盡的考量。

在供水及供氣的部分，園區供水僅區外永和山至園區專管因其中加壓站需配合供電受影響外，至九月二十二日就全面恢復供水（園區需水八萬噸，由永和山供六萬噸及寶山供五萬噸），惟當時園區三期又正逢廠商大量擴建，用水量激增，原設計三期之供水系統就有些不足，又遭地震停電、限電等管制，產生供水不穩之窘境。

九二一事件總體檢，三期因禍得福，供水系統脫胎換骨

也因此次之天然災變，對園區供水設施及時做出了總體檢，對各供水點之配水設施做出及時改善或更新維護的規劃設置（包括蓄水池、抽水機等），也促成三期坪埔總加壓站的提前完工運轉，讓三期供水脫胎換骨；目前可說是全區供水最穩定、可靠的區域。在油、氣供應部分沒有

公會水電氣委員會水小組幹部與竹科局黃俞昌科長（中立者）到頭前溪察看工程修復情形

太大影響，氮氣九月二十二日即可配合恢復供應，中油公司供應的天然氣則未受影響。

依九二一限電作業方式，對工業用戶而言，所要求的是持續而穩定的供電，對於短時間供電又停電（包括供一天停一天、供四至五小時停一至兩小時），造成許多用戶抱怨生產製程中斷，導致線上材料、半成品報銷、反應槽急停，造成爆炸傷及設備及人員。台電因為供電系統電源不足，且須兼顧維夜間民生日間工業用電原則，不得已採取此種方式供電，以避免負載過高，影響供電系統的穩定。

科學園區可免於分區輪流供電，讓廠商減少了許多直接與間接的生產損失，並鞏固上、下游客戶免於流失。所以，九二一大地震的公共設施供應恢復，應該要藉此感謝台電席時濟董事長所領導的台電團隊，給予園區的愛護與支持，另外公會曾繁城理事長、孫弘監事長、曹典章總幹事、聯電敖景山、華邦張致遠協理、台積電黃彥群副總經理都全力協助斡旋，加上水電委員會召集人徐嘉立所領導的電力小組，包括副召集人台積電許芳銘、華邦潘世嶽，小組長聯電劉志苗、華邦張榮發、聯電陳載淇、台積電張添錢等的日夜不斷協商，才安然度過難關。

公會水電氣委員會電力輔導，參觀電力廠務設備

當然，該期間的科學園區大家長王弓局長所率領之科管局相關主管及同仁克盡職守，成立「九二一新竹科學工業園區救災指揮中心及網站」，每日上、中、下午公布最新資訊；中秋假期（九月二十四日至二十六日）停止放假全園照常上班，回想起來，如此的天作之合，共同圓滿達成上天對園區所作之考驗，應該是一輩子都不會忘記的寶貴經驗吧！

六、基礎設施廠務篇

新竹科學園區抗旱經驗分享

經濟部成立旱災緊急應變小組，協助抗旱

依照新竹地區過去乾旱趨勢分析，大約每三年發生一次小旱，每九年一次大旱，二〇〇二、二〇〇三、二〇〇四、二〇〇九、二〇一〇、二〇一一年均曾進行旱災應變，其中以二〇〇三年較為嚴重，經濟部成立旱災緊急應變小組，基隆、台北、桃園、新竹等地區均實施第二階段限水，桃、竹、苗地區亦辦理一期稻作停灌，直至當年七月一日敏督利颱風來襲，方撤除旱災緊急應變小組。

也正因天候枯旱缺水可能對科學園區廠商產生重大的影響與生產損失，因此包括科學園區上級主管機關國科會及科管局均作定期列管追蹤，尤其現任局長顏宗明於二〇〇

八年上任後，在每週主管業務會報上，要求業務主管單位將科學園區各基地用水供需情形做列管報告，必要時率相關業務主管親訪水公司及水利會等單位，隨時掌握新竹地區最新供水情資，以避免旱情對園區廠商帶來的傷害，並及早計畫因應。

顏局長於每年十二月必指示業務單位邀集水利署、水公司、農田水利會、縣市政府、園區同業公會及用水量較大廠商，召開園區水源供需協商會議，除了請水利主管單位說明科學園區供水計畫有無缺水風險外，也希望園區內廠商配合節約用水；對於水公司所作的用水調度計劃能夠充分配合，以度過每年枯水期（十一月至翌年五月）可能缺水的難關。

吳宏哲與莊永豐(右一)及吳文泰在枯水期到水庫勘察

年底到翌年農曆過年是抗旱應變期

每年底到翌年農曆過年，水利主管機關及相關單位都會密集開會討論是否缺水，因長久以來累積的經驗，目前已有豐富資料庫可提供大家研判水情，研擬應變計畫，甚至提供是否須辦理休耕停灌移用農業用水決策，並建置相關量化數據作為執行依據。以新竹地區來說，每天用水約需五十萬噸，主要由寶山水庫與寶二水庫聯合調度利用，缺水與否可依寶二水庫歷年蓄水量趨勢圖來說明如下：(1)大部分水庫因夏季颱風及午後熱對流降雨，七月至十一月期間，水庫大都接近於滿水位狀態。(2)十一月中旬開始至翌年二月少雨，水庫蓄水急速下降，而一期稻作於二月上旬播種、插秧需大量灌溉用水，因此常發生民生、工業及農業用水調度困難窘境。(3)按二十四節氣，通常二月上旬（立春）到三月上旬（驚蟄）會降下春雨，二〇〇九、二〇一〇年春雨足，水庫很快就回升到滿庫狀態。

(4)若二、三月春雨未降，頭前溪地面河川取水量銳減剩五至六萬噸左右，河川取水及水庫蓄存量（水位位於嚴重下限）約僅剩下三分之一左右，需進入限水檢討階段。(5)接著，需等待五月冷暖鋒交會所帶來的梅雨，二〇一一年在五月以前，新竹地區降雨情形不佳，寶二水庫蓄水為歷年最低，幸於五月中旬連續降下梅雨，竹科免於缺水。(6)豐水年包括春雨、梅雨、颱風雨、午後雷陣雨都有可能帶來豐沛雨量，這種一整年水庫總在接近滿水位的狀態，民國二〇〇八年及今（二〇一二年）年就屬此類，總之，春雨、梅雨是否適時降下，嚴重影響新竹地區是否能正常供水。

科學園區因應氣候變遷召開專案會前會

分階段限水，度過缺水難關

缺水時，竹科廠商影響與因應措施包括：第一階段限水（執行夜間減壓供水），竹科廠商自律減量百分之三用水，停止不必要之澆灌、洗滌、消防訓練及生活用水等，為落實減量執行，每天需由後端用水戶去抄前端用水戶進水量，避免前端用戶可能未減少用量，造成愈後端用戶愈無法進水使用情形。第二階段限水時（水公司供水量短缺百分之五以上，未達百分之十），園區需再減量百分之二用水，須減少辦公室空調、廢氣洗滌塔用水，少數廠商需載水補充。

第三階段限水（水公司供水量短缺百分之十以上，未達百分之三十）為分區輪流或全區定時停止供水，第四階段限水（水公司供水量短缺百分之三十以上）為定時定點定量供水，廠商須全面啟動水車載水補充。大部分晶圓製造廠停止機台運作，僅提供無塵室空調循環所需環境待機及其他（含生活及廠商）必要用水。依據過去經驗，若實施第三、第四階段限水，對社會、經濟層面影響太大，因此，若第二階段限水，大都也配合辦理農作休耕停灌以移用農業用水，避免後續供水不足衍生困境。

地球氣候變遷已有極端趨勢，為確保用水安全無虞，若非園區公會水小組幹部，包括旺宏徐嘉立處長、漢磊邱健寶經理兩位前後任召集人，以及聯電莊永豐經理、台積電張智能部經理（副召集人）、小組長台積電呂學源副理、矽統蕭訓山經理、力晶林瑋平經理、旺宏吳文泰經理、台積電連尚舜經理等許多幹部常到水公司協調作客，辛苦經營連繫，哪有今天與水公司、水利會之絕佳默契；所以平時培訓人才，並常與水利署、水公司、水利會等建立定期協商機制，缺水時才得以緊急應變。

節水技術輔導，創造更充裕用水空間

當然，需要反求諸己，持續執行節水技術輔導，強化節水能力，以減少生產用水，並設置三天以上蓄水池容量，強化缺水時調水裕度。當然，如能藉由節水概念，將農業用水移用（農業用水若節水百分之一，自來水就可多百分之四調供量）透過法制化方式，訂定明確補償方案，那麼，未來缺水時民生及工業用水就多出一些調度空間，枯水期缺水時也有機會讓民生、工業、農業用水作較佳調度，創造供水無虞的新局。

公會張致遠祕書長(右二)與竹科局顏局長(右三)共同拜訪新竹農田水利會徐會長(左三)及魏總幹事(右一)

六、基礎設施廠務篇

科學園區節能減碳成果介紹

科學園區第一階段總體目標，一百家廠商省水一千萬噸

台灣是嚴重缺乏能源自足國家，而水資源供應不均，對國家經濟發展與民生產生很大困擾，為達成政府逐年降低工業用水量之目標，並解決科學園區用水迫切的問題，於二〇〇二年起推動節約用水及水再生利用，行政院並核定科學園區第一階段總體目標二〇〇三年起至二〇〇七年止應輔導園區一百家工廠（每年含竹科十五家及南科五家），達成年省水合計一千萬噸之量化目標。

第二階段自二〇〇八年起要求國科會所屬科學工業園區，每年應針對園區廠商進行節水輔導二十案次（竹科十家、中科三家、南科七家），且每年節水量應達到一百萬噸/

年以上（其中竹科節水量為五十萬噸/年以上）。

竹科二〇〇九年起節能減碳目標，年達成節電一點二萬度

另行政院於二〇〇八年通過「永續能源政策綱領－節能減碳行動方案」，推動製造業朝低碳結構調整，以逐年降低CO_2排放密集度百分之二之量化目標，並發展潛力再生能源產業、節能減碳新興產業與研發替代材料，以及新興能源技術服務業(ESCO)。竹科自二〇〇九年起訂定節能減碳目標，年達成節能目標約為電力一點二千萬度，換算CO_2排放量將減少約六點四萬公噸。茲就所辦理之過程及成效記述整理如下：

一、組成工作團隊

為達成上項工作目標，科管局會同園區公會成立節水節能輔導工作團隊，包括工研院、中興工程顧問公司、綠基會、承研科技公司節水、節能服務團、學者及園區公會水電委員會遴派資深廠務主管，到各工廠現場進行節能減碳輔導及節能減碳經驗與技術交流，並與受輔導工廠面對面作節能減碳方案評估與討論。

園區公會和台電合辦節能減碳活動

另安排節能（水）減碳技術研習與教育訓練，以建立廠務人員節能（水）減碳查核技巧與技術能力，並鼓勵事業單位參與節能績優廠商選拔。園區公會「水電氣供應委員會」則負責彙整廠商使用水電氣等相關資訊，以及規劃各項節約措施之工作平臺，對節水節能的執行發揮很大的功效。

二、訂定園區工業用水回收標準

為執行節水輔導須先訂定合理用水回收標準，經過長期的回收努力，依照實務經驗值，科管局會同園區公會水電委員會討論，按各廠商建廠時程，協助達到下列標準：(1)一九九四年以前興建廠房，製程回收率需大於百分之五十，全廠回收率需大於百分之三十，排放率需小於百分之八十。(2)一九九四年至一九九九年興建者，製程回收率需大於百分之七十，全廠回收率需大於百分之五十，排放率需小於百分之八十。(3)一九九九年以後興建者，製程回收率需大於百分之八十五，全廠回收率需大於百分之六十，排放率需小於百分之七十。但需辦理環評之廠商，依環評審定之承諾事項辦理。

三、節水節能減碳輔導策略

輔導對象以園區廠商用電契約容量在800KW以上，以及用水計畫量在每天三百噸以上者，節水節能輔導計畫辦理項目包括：

(1)節能減碳方面：實地輔導、教育訓練、推動園區事業再生能源使用及辦理園區廠商節能成效追蹤等工作。

(2)節水方面：實地輔導用水效率、教育訓練、對歷年輔導過的廠家作問卷調查及成效追蹤分析；並由節水及節能技術服務之專業團隊，做出具體改善方案研擬。計算評估回收單位處理成本及回收年限，建議節能以兩年可回收經濟效益，節水以三年可回收經濟效益年限之方案優先實施，以落實達成推動園區節水及節能輔導減碳措施量化目標。

四、節水節能減碳輔導工作項目

(1)節水項目：主要以製程排放水回收再利用（例如半導體、光電廠製程回收率需達百分之八十五以上），作為次級用水再利用，包括冷卻水塔、洗滌塔用水；一般酸、鹼性廢水回收、CMP廢水回收、設備排氣洗滌塔(Local Scrubber)排水經處理後提供予景觀澆灌系統或其他公共用水使用；空調用水回收冷卻水塔排水(Cooling tower blow down)經適當旁流處理設備處理後再循環使用；另民生（公共）用水回收，包括飲用水機RO裝置之濃縮水回收給冷卻水塔使用，沖廁用水可採製程次級回收水及冷卻水塔排放水來供給。

(2)節能項目：針對設備與系統實際耗能查核，並提出節能減碳改善建議案，輔導項目包括：電力系統、空調系統、MAU系統、冷卻水系統、空壓系統、泵浦系統、照明系統、鍋爐系統、VOC系統等，並提供設備最佳操作條件，或作機具設備的汰舊換新評估，使生產運轉既能節能減碳又獲得實質經濟效益。

五、節水節能減碳輔導成效

竹科推動節水節能減碳輔導，二〇〇二年迄今已辦理節水輔導一百三十一廠家數，節能輔導（二〇〇九至二〇一一年）四十廠家數，合計節約水量為二千三百五十九萬噸，節約用電量為十三萬七百九十六萬度，計減少七萬四千零四十七噸CO_2排放量。

六、節水節能績優廠商示範觀摩

每年所辦理之節水及節能輔導中，對於績優廠商於每年科學園區週年慶酒會中頒發獎牌表揚鼓勵。績優廠商並辦理節能與節水示範觀摩，由示範廠商介紹其成效與手法；最近四年獲獎廠商如后附表一。

公會、科管局合辦「廠務技術研討會」讓廠商經驗交換及傳承

竹科用水回收再利用投下大量人力、物力及財力，經驗與成效難能可貴，希望能藉此機會，提供業界參考。當然，園區在未來節水推動計畫中，仍將加強輔導執行，尤其對內將繼續執行跨廠性技術研究討論經驗分享（每年度舉辦廠務技術研討會），並將運轉經驗傳承納入建廠規範中。

科學園區三十一周年慶，園區同業公會謝理事長頒獎給績優單位

對外則擬透過園區節水小組，技術交流及輔導，使節水效益精益求精。另在節能方面，將協助園區廠商繼續發掘節能減碳機會，鼓勵業者利用節能技術診斷結果自為改善，或結合能源服務管理公司(ESCO)業者來落實節能減碳。對園區內大公司，希望藉參與水足跡、碳足跡、綠建築認證，接續導入綠色工廠制度及推動建置ISO 50001能源管理系統，達到科學園區善盡社會責任的目標。

附表一、近四年節水節能績優廠商

年度	98	99	100	101
節水廠商	台積 8 廠	台灣信越半導體	台積 3 廠	群創光電 T2 廠
	世界先進 2 廠	台積 5 廠	新日光能源 2 廠	聯電 8S 廠
	鉅晶電子	聯電 8AB 廠	群創光電 T3 廠	聯電 6A 廠
	—	台積 12P4 廠	—	台積固態照明
節能廠商	統寶光電 T1 廠	群創光電 T1 廠	群創光電 T2 廠	台積 3 廠
	力晶 P1/2 廠	聯電 8F 廠	采鈺科技	旺宏 1 廠
	聯電 8C 廠	—	光磊 2 廠	新日光能源 2 廠

六、基礎設施廠務篇

廠務是科學園區基礎設施最重要一環

竹科二期基礎建設，促成水、電小組成立

如果沒有完善的水、電、氣基礎設施供應，所有的生產終將無法進行，陷入停擺。園區公會的水、電小組（委員會前身）於一九九六年成立，召集人是當時旺宏電子的廠務經理徐嘉立，做了三屆召集人，到二〇〇四年離開，整整待了九年，之後由許芳銘召集人（台積電）接任，現任召集人則是邱健寶（漢磊科技）擔任。

徐嘉立表示，他一九八七年進聯電，水電氣委員會成立之前已有一群人在運作，但不是叫水電氣委員會。剛開始，是叫「用水小組」或「用電小組」，分開來沒有合併。

科學園區的開發依時間前後分成一、二、三期，第二期的廠商很多都是半導體大廠，

例如台積、德碁、旺宏、華邦等，大家開始建廠，管線想要地下化，大家聯合起來一起跟自來水公司及台電公司談，比如說二期裡大概五家，就先成立水小組和電小組。錢繳了，地下化管線要怎麼做？有很多討論，需要一起協商，大家偶爾聚一下談，再一起跟水公司、台電交涉；後來發現，尤其是電，錢交了都沒有下文（上千萬元），有的談了都快五年，也沒有下文，大家想這樣很麻煩，就有人倡議，乾脆合併起來，然後管理局也

水電氣供應委員會召開園區廠商節電、節水措施獎罰機制規劃會議

出來幫忙，就這樣召集這幾家廠商開始，後來才成立了水電氣委員會。

委員會成立後，跳電事故愈來愈多

當初只為了地下化，沒想到有平台之後各種問題都要處理了。有一家晶圓大廠在建廠的時期，有吊車在外圍移動時，手臂收得不夠低，就把69KV的電纜線拉斷了，一下子附近幾家工廠都跳電了，因為那時大部份公司都有保生產中斷險，大家一想起來索賠，而保險公司也確實賠了。

但是賠償之後，保險公司就覺得這種事故一發生，廠商一停電業者就要賠一堆，怎麼受得了，因此就把賠償規則改了，變成要連續停產五天的損失才賠，這對半導體廠來說，根本是開玩笑，因為半導體廠投資這麼大，怎麼可能讓生產停到五天，因此在賠了那一次以後，保險業者就修改規則，後來廠商碰到事故比較不容易再索賠（除非是有保營業中斷險），廠商就像是吃啞吧虧；像九二一地震都沒停到五天。

一九九六年到二〇〇〇年，八吋廠一直蓋，那時台積與聯電在拼，一年一個八吋廠；公會成立水電委員會後，電的事件特別多，水相對少一點。委員會每個月定期會有聚會，邀請台電、自來水公司的人，來做電力系統改善報告，或者是自來水管線埋設、寶二水庫的進度報告等。

這中間大家就會報告統計數字及每次停電的數據原因分析，那時候委員會發覺，在停電事故的次數統計中，大概有三成是廠商造成的，四成是台電造成的，另外的四成是無頭公案。

電力事故發生各有原因，因此廠商建廠時也要注意電力系統改善，盡量做到跳電只跳自己，不要影響到別人。台電也要改善他們的系統，那時備援(back up)系統很差，所以後來就改為雙迴路，只要有一個迴路跳電或停電，另一個迴路的電力可以隨時支援上來。

其他電力意外事故還有廠慶施放的氣球，碰到高壓電造成瞬間短路、壓降，還有老鼠或是蛇，天氣熱跑到電箱裡面也造成壓降，有些時候這些小動物就這樣燒死在裡面，像這些問題，經過水電氣委員會召開事故檢討會議，除了請台電加強電箱孔洞加封、改善外，也要求各項慶祝活動儘量避免施放氣球和綵帶。

卸任水電氣委員召集人前，發生四一〇重大電力事故

二〇〇四年四月十日竹科碰到一次重大電力事故，那時竹科廠商本就計畫作維修，但維修停電後的復電很重要，環路上復電的廠商要投入，其中有一家廠務，不聽指揮，未依投入時間投入，結果投入時就造成線路接地短路，沒有電了，所有的電都到接地上去，那是很大的事件，整個三期全部中獎，連二期的用戶，包括交大都沒電，那天剛好是研究所

考試，也影響到考生。

事後檢討，出包的那家公司當時負責的廠務是菜鳥，沒有聽台電指揮，才會造成重大的電力事故。

那事件，電視跑馬燈一報導出來，損失金額就是十億元，後來召開檢討會，因為是廠務人員訓練不夠問題，所以園區公會水電氣委員會跟管理局、學術單位，大家就成立了聯合稽查小組，到每一家大用電戶廠區內，去檢查它們的電力系統、安全系統到底穩不穩定，平常是怎麼操作的，未來如何加強人員操作訓練。委員會花了好幾個月走遍好幾個廠，這也是徐嘉立任內發生最大的一次停電事件「四一〇事件」。

成立水電氣委員會的原因，就是為了要跟水公司或台電爭取事件的處理能夠更快速、有效率，大家聯合起來才有力量。而且每次發生事故，媒體都會來採訪，事故損失的金額往往也是媒體最感興趣的焦點，所以對外發言也要很謹慎，因為很多大公司都是上市、櫃公司，見報多少會影響股市。

認真檢討，落實事後的改善計劃

經過大家認真檢討，落實事後的改善計劃，在一九九六年到二〇〇四年，廠商自己也有了很大改善，而台電系統也有改善。後來新建的工廠及三期開發時，大家都更有經驗了，電力輸配線路也都地下化。即使再有電力事故，處置應變的能力也更強，和台電、自來水公司等合作更密切。尤其是台電改成雙迴路供電，廠商自已也加裝動態UPS(投資上億元)，供電可靠度和穩定度都大幅提高（在八吋廠時代動態UPS不多，投資較不划算，十二吋廠產值高，就會添購）。

九二一事件是個經典，在公會水電氣委員會的運作中，大家不會只顧自已公司的利益，都會互相幫助，很願意一起來解決問題。所以在九二一事件時，水電氣委員會創造的經典作，就是在不到五天的時間，讓園區恢復到八成以上的電力供應，包括國外的媒體都來訪問過，而其中一個很重要因素就是新宇汽電共生廠的電力供應；之後，台電也很快就把電力調配過來給大家用，大家不會去搶，慢慢從第二天、第三天、第四天，把用電量升上來，這是大家團隊合作的表現。

另外七二九事件，中部的鐵塔斷了，所以七二九事件讓園區廠商和台電都警覺到，所謂全台供電系統的不平衡的，它的停電時間沒有九二一事件這麼長，但影響全台，未來台電要怎麼去改善？怎樣在發生事故時，能夠南電北送，雙迴路供電的觀念開始產生，大家就著手去改善，七二九事件也是個很好的起點，台電受到當頭棒喝，就產生動力去改善。

用水管網透過公會幹部協調，水頭讓水尾先吃，大小廠都有得用

在用水方面，受到管網因素供水很難做到完全公平，靠近水頭的廠商如果拼命進水，管網末端的廠商就不容易用到水，所以缺水時，大家就透過公會水小組幹部做調配，大廠都會有個默契，如果小廠有需要，就優先供應小廠；由於大廠用水少，管網和廠商的配水池都有控制閥，當有小廠來申訴反應時，大家就會優先協調，水頭或是大廠會先把水閥關起來，讓小廠先取得一些用水。因為小廠用一點點，就可以多撐一、兩天。就是這樣調配，運作非常好，所以儘管任何缺水事件發生，也不會有人抱怨，或是去對媒體喊不公平，廠商之間關係都很和諧。

缺水的影響不像缺電，電一停是全停的，而停水的時候，供應是逐漸減少。記得二〇〇九、二〇一〇年遇到水荒，大家的水池蓄水量有限，只有三、四天的備援能力，有的小廠只有一、兩天，大廠大概三、五天。在缺水時，搶水車就變成一個事件，一車水要多少錢，第一次搶水車比較亂，之後就大家就學會每年編預算跟水車公司先簽約，後來新建廠，就學會增加水池蓄水量，大廠往往蓋到五至七天的容量，包括面板、半導體廠都是。

枯旱時，搶水車是一回事，但對自來水公司而言，如何改善供管線才是正途，最好

能夠做到南水北運，打通供水網脈，像寶二水庫也是後來才蓋起來的，由於園區成長出乎大家意料之外，從一期、二期到三期，快速開發，政府的計劃趕不上變化，大家沒有預期到產業、經濟這麼快速蓬勃發展，所以我們講基礎設施(infrastructure)，就是在講水、電基礎供應設施跟不上這腳步。一九九〇年代後期，台積、聯電的八吋廠幾乎是一年一座在蓋，二〇〇〇年之後的面板廠也是一年好幾座，水、電資源的供給趕不上廠商的發展腳步。

綜合來講，委員會跟水公司與台電的關係，越改善越好，到後來也經常舉辦烤肉，在寶一水庫辦活動聯誼，跟水公司、台電工作人員以及農田水利會，大家建立情誼，每年尾牙、普渡或是其他慶典，大家都會互相邀請，聚餐、聯誼，增加情感。尤其台電新桃供電處，就在園區大門旁邊，大家的關係更密切，因為69KV就是從那邊供應過來。他們那邊還有個交誼廳、卡拉OK，歷任處長或是經理等主管，還常常邀請水電氣委員會的人，一起同歡聚餐。

七、教育訓練篇

園區公會教育訓練的成長印記與演變

教育訓練是公會服務會員廠商的重要具體措施之一

教育訓練透過有規劃的系列課程，能有效的協助會員廠商訓練、培養員工在不同領域的工作能力，強化工作品質與效率，素來就是公會的服務重點。

一九九六年的竹科園區，充滿了活力，展現出蓄勢待發明日之星的形象。當時等待申請入區的廠商大排長龍，土地與廠房一地難求，每年約五千至六千從業人口成長的趨勢，園區總體營收也年年不斷創下新高紀錄，從各方面來看，年輕的竹科園區已顯示出茁壯邁向成功之路的跡象了。

當時的科學園區與區內公司迅速成長，內從業人員已有五萬五千人，但尚未構成地區的訓練自主經濟量，所以園區內的上班族需要進修時，就必須遠到九十公里外有多元課程內容可選擇的台北，這也是訓練資源不足情形下，想參加訓練課程的園區上班族必須面對的問題。

一九九六年公會首次規劃設計經營管理系列課程

人力培訓是影響公司能否持續成長的重要因素之一。為了擴大對會員廠商的服務，協助廠商培訓人才，一九九六年公會首次規劃設計經營管理系列的課程，第一年初試啼聲，就有不同凡響的結果，我們舉辦了九十五場課程，上課人次四千九百五十六人，不只紓解了園區人成長瓶頸重要的環節，也給了公會很大的信心。

「薪酬規劃與管理實務訓練班」邀請丁志達老師主講

園區快速成長也帶來許多商機及廠房的施工建案，早期工人對於工安意識觀念非常薄弱，意外事故在工地中不斷地上演，園區管理局有鑑於此，為杜絕不幸事故持續發生，依據相關規定，要求所有進入園區施工廠商的人員都必須接受六小時營造作業安全衛生課程訓練，未依規定配合者，最重可能處以停工處分，直到改善為止。

一九九八年園區管理局開始委託公會辦理營造作業「六小時勞工安全衛生訓練」課程

由於公會有了經管課程訓練的經驗，一九九八年，園區管理局始委託公會辦理營造作業「六小時勞工安全衛生訓練」課程，受訓合格的學員課後都能取得公會核發的結業證書，由於證書格式不大，是一只精緻（護貝）綠色的卡片，後來許多人員就稱它為「綠卡」；每年上工安課程學員約四千至五千人，經過公會落實與確實開辦課程，進入區內工地工人的工安意識提高後，工地發生意外事故也逐年降低，比較起園區外的工安意外事故比率少了許多，這是實質有效的訓練成果，初步達成園區管理局設定的目標。

張仁光老師上課講解六小時「勞工安全衛生教育」

爾後南科園區與中科園區相繼成立，皆仿效竹科的做法，要求進入園區施工人員須接受訓練才可進入施工，以減少工地意外事故發生。

二〇〇三年園區公會成為原能會認可的第四個輻射訓練機構的單位

二〇〇二年政府通過了游離輻射防護法。由於園區廠商不少的機台設備都有放射性物質，尤其半導體與光電廠商，此法通過後，原先操作相關機台的工作人員必須接受十八或三十六小時輻射防護安全課程訓練，取得證書後才能操作機台，由於人力需要訓練與成本增加，因此造成廠商極大的壓力。

以往的輻射訓練業務被管制，屬於某些機構獨佔性，剛開放時，坊間被原能會認可的輻射訓練機構非常缺乏，在廠商建議下，公會開始研究如何成立輻射訓練機構，由於這是一項新的業務，對公會也是一項艱困的挑戰。

俗語說：萬事起頭難，只要有心，鐵杵都可磨成繡花針，不過到二〇〇三年四月都還沒有頭緒，尤其是設立訓練機構最重要的關鍵人物－班主任，須具備輻射防護師的證照，一時不知何處可以找到這樣專業的人士？找到了，他願意幫忙嗎？如果答案是否定的，輻射訓練機構將無法成立，一連串自尋煩惱的問題，讓我們覺得前途茫茫。我們還是帶著如履薄冰的心情，透過各種管道尋找相關學校及機構，失敗了從頭再來，終於在元培科技大學裡找到願意相挺的關鍵的人物－許博士。

接著，親自走訪台北請教原子能委員會相關人員，約莫半年，最後，最難克服的講師群資料，輻射訓練機構的

蔡惠予老師講解「輻射訪護繼續再教育」

雛型與架構終於完成了，同年十月，成為原能會認可的第四個輻射訓練機構。

第一場輻射防護訓練課程二〇〇三年十二月開辦，開啟公會教育訓練的另一項新局面，同時也履行與擴大對於會員廠商的服務層面。公會舉辦的許多課程主要以新竹地區的企業廠商為對象，惟獨輻射訓練課程擴及全台各地，由於注重訓練品質與課程設計規劃內容，因此每梯次輻射定期訓練課程回流人數都能維持在百分之九十以上，即使遭遇SARS與全球金融風暴的年度裡，學員向心力依然穩固、報到率穩定，也成為公會核心課程之一，更確立公會未來辦訓的方向。

二〇〇九年發生了全球性的金融風暴，一時之間企業裁員、公司倒閉，有如骨牌效應一發不可收拾，到處哀鴻遍野，二〇〇八年到公會參加訓練課程人數達一萬人次，次年金融風暴發生時，在公會訓練人次只剩五千三百人，結果發現實務戰勝了理論問題，這一年公會的開課率從歷年平均值百分之九十降到了百分之七十，成為歷年績效最差的一年。

危機就是轉機，全球金融風暴公會向職訓局申請TTQS輔導作業再上層樓

金融風暴來臨前，訓練人員上班時鎮日忙著接電話，不斷在上課教室與辦公室的空間來回穿梭。但金融風暴出現之後，轉瞬間，辦公室電話少了、報名人數少了、籠罩著門可羅雀寧靜的低氣壓，我們不想坐困愁城，因此二〇〇七年職訓局推行TTQS(Taiwan Train

Quality System)輔導與評核作業，就成為我們慘淡經營一年添加元素首選的要務。

當公會向職訓局申請TTQS輔導作業、評核作業階段約四個月期間內，讓我們每個人開始忙碌起來，也把同仁多餘放空與放鬆的時間都填補回來。對於TTQS評核作業，訓練組每個人都承受了極大的壓力，初次體驗外部機構對於公會訓練體質的考驗，但接受外部的挑戰，才有機會改善與進化。我們利用全球景氣最低迷的情形下，花了四個月的時間改造，最終通過考驗，二〇〇九年榮獲職訓局TTQS評核作業的銅牌獎。

通過職訓局TTQS評核作業，就取得了申請產投計劃課程入場門票的資格，二〇一〇年，公會首次向職訓局申請產投計劃課程，再次擴大學員對課程產品的選擇性與服務的層面，由於課程規劃與設計都能符合市場需求，因此產投計劃課程的開課率達到百分之百，訓練品質各方面獲得極高評價。

TTQS評核資格的有效期限為期一年，為了能夠持續申請次年的產投計劃課程，每年必需申請評核作業並通過規定，方能保全資格。二〇一一年公會再度申請TTQS評核作業，獲得銅牌獎；二〇一二年更上層樓，榮獲銀牌獎，在此期間公會也連續（二〇一一年至二〇一三年）三年獲得桃園職訓中心評比為（桃竹苗區）A級訓練機構。

提升與擴大對廠商服務，一直是公會追求的信念。在金管會通過《發行人證券商證券交易所會計主管進修機構審核辦法》時，公會希望能夠取得會計主管訓練機構的資格，協助園區廠商的會計主管免於新竹－台北兩地奔波上課，但是要通過的門檻有些難度，因此為取得申請必備的資料前，我們有計畫與系統性開辦了財會系列的課程；在二○一二年，公會備妥各項資料之後，向證交所提出申請「會計主管進修機構」的認可資格，同一年，公會終於通過核定，正式成為核可的訓練機構，並於次年開辦會計主管的相關課程。

腳踏實地，一路走來華路藍縷，公會教育訓練成為園區人力素質提升重要推手

回顧以往，一路走來，需不斷的革新與堅持，才能一步一腳印留下珍貴的軌跡往前走，這是一頁精彩成長，至今不歇的故事。這些年我們累積了豐富的訓練經驗與熟練技巧，已成為公會無形的資產，也是協助廠商培訓人力重要的推手。

公會教育訓練的過程與成長，就如同一位青年從二十五歲開始進入職場，在歷經十七年職場上各種困難與挑戰的磨練下，已不可同日而語，從青澀的模樣也淬煉出成熟更穩重的架勢了，面對未來的日子還有很長的路要走下去，相信公會的教育訓練，爾後將具備更優勢的能力陪伴大家一起成長與共享甜蜜的果實。

Chapter 3 附表

圖片提供／台灣積體電路製造股份有限公司

本篇主要是就台灣科學工業園區工業同業公會卅年來，歷年重要收支、廠商對公益的捐贈及各項重大公益事務籌募情形及公會三區委員會首屆及現任委員會和召集人，還有歷屆獲選工總優良的理監事名單，及內政部評選之優良會務人員，加上歷屆理監事及公會會務人員及組織，以附表方式簡介。

附表

歷年當選中華民國工礦團體優良理監事及內政部優良會務人員

為鼓勵工業團體理監事積極參與會務、健全公會組織、發揮會務功能，中華民國全國工業總會特辦理所屬團體會員優良理監事選拔及表揚。凡前一年績效考核獲主管機關評列為甲等以上團體（本會連續五年獲評優等），皆可推薦參選。被推薦參選之理監事必須連任二屆，合計擔任理監事達六年以上，且需熱心奉獻並有相關優良事績。

本會歷年來當選優良理監事名單如下，除了再次感謝他們為公會及會員廠商所做的努力外，也賀喜他們曾經獲致的殊榮。

1994 年	曹興誠監事長
1996 年	孫弘理事長
1997 年	宣明智常務理事
1998 年	林銘瑤常務理事
1999 年	謝其嘉常務理事
2000 年	張致遠監事
2001 年	林錫銘常務理事
2002 年	吳敏求常務理事
2003 年	劉兆凱理事
2004 年	盧超群常務理事
2005 年	葉博任理事
2006 年	孫弘監事長（第二度）
2007 年	謝其嘉常務理事（第二度）
2008 年	童兆勤監事長
2009 年	林錫銘常務理事（第二度）
2010 年	溫萬壽常務理事
2011 年	陳麗芬副理事長
2012 年	沈國榮副理事長

優良會務人員

2012 年	湯玉惠副祕書長
2013 年	古秀芝組長

園區公會常務理事溫萬壽當選 99 年度優良理監事、（右），由工業總會理事長陳武雄頒贈獎牌

工總陳武雄理事長（左）頒優良理監事獎狀給偉詮董事長林錫銘

沈國榮副理事長獲選 101 年度優良理監事，由工業總會事長許勝雄頒贈獎牌

陳麗芬副理事長（中）獲選 100 年全國優良理監事及獲贈獎牌，謝其嘉理事長（左）與中科沈國榮副理事長（右）均感與有榮焉

本會湯玉惠副祕書長獲選 101 年度優良會務人員，由內政部部長李鴻源頒發獎狀及獎金

附表
科學園區敦親睦鄰及公益捐贈

科學園區自成立以來，雖然廠商都是集中在封閉式的園區，但是跟地方的互動卻是非常緊密，不管是敦親睦鄰或是重大的活動，園區公會和科管局都會共同參與協助，園區公會成立卅年來，發動廠商籌募的經費也相當可觀，金額大小是其次，重要的是參與，以竹科為例，過去強調「園市一家」，而新竹縣、市首長和科管局局長以及園區公會理事長，也會定期召開「科園區首長會議」，大家共同商議處理園區和周邊的問題。

因此我們也把歷年來公會和廠商歡募及參與的部份資料臚列於下，並感謝熱心參與投入的廠商以及奉獻力量的員工們。

園區公會敦親睦鄰及公益 捐贈明細表（1993～2010 年）

年度	金額	事由
1993年	1,076,000	向立法院陳情建議廢除專利法刑責條款規定刊登廣告費用
1994年	1,501,250	支持骨髓捐贈，「台灣骨髓捐贈資料中心」HLA檢驗經費
	1,104,000	園區消防栓改善工程款
1995年	1,659,758	敦親睦鄰公益基金
	8,612,000	園區十一處主要路口設置紅綠燈號誌工程款
1996年	1,080,000	敦親睦鄰公益基金
	3,310,000	會員廠商認捐園區實驗中學建構校園資訊網路經費
	1,405,317	賀伯颱風賑災款
	9,350,000	改善園區道路指標系統款項
1997年	1,970,000	與園區管理局合辦之「孫運璿學術基金會」募款餐會廠商捐助款
	4,176,050	支援86學年度實驗中學家長會廠商捐助款
1998年	11,555,298	敦親睦鄰公益基金
1999年	9,550,000	東門城~新竹之心改建工程經費
	2,000,000	響應政務委員楊世緘、經濟部長尹啟銘及工總理事長高清愿等發起贊助美國麻省理工學院產業實力研究中心進行「產業全球化研究計劃」之「台灣計劃」，送交工業總會統籌運用
	15,126,428	九二一賑災款，會員廠商捐助款共計$734,320,238元
2000年	23,150,435	敦親睦鄰公益基金
	24,100,000	慶祝園區成立20週年慶舉辦「科學工業園區產業全球論壇會議」系列活動經費
	4,500,000	新竹縣政府購置寶山二重地區救護車及消防幫浦車經費
	1,980,000	南科舉辦科技2000南科聯合徵才敦親睦鄰博覽會經費
2001年	2,000,000	南科舉辦2001年南科廠商敦親睦鄰園遊會經費
2002年	1,325,000	「李國鼎故居修復再利用計劃」，作為台灣產業、政治文化發展的見證
2007年	1,640,000	台北國際社區廣播電台(ICRT)發射台遷移經費
2009年	1,750,000	莫拉克颱風賑災款，會員廠商捐助款共計$6.35億元
2010年	10,108,832	籌募「新竹縣市六座危橋監測系統建置經費」，共有台積電等61家會員廠商參與攤捐
合計	144,030,368	

備註：表列應僅為全體會員公益捐款之部份紀錄。

附表

園區公會北、中、南各區委員會創始一覽表

台灣科學園區同業公會卅年來對園區廠商提供服務，其中最重要的工作內容就是來自委員會的運作，而各委員會的召集人及幹部更是中堅力量，當會員廠商碰到問題，就可以在委員會中提出，經過討論及意見交換，有些經由其他委員的經驗分享就可以解決，有些共同問題可能要再集合大家共識，跟相關單位溝通討論，甚至有些需要到修法層次，除了提理監事會外，也會發文給行政機關，或是再尋求立法委員協助。

目前公會所屬委員會在新竹園區有十六個委員會，中科七個委員會，南科有十一委員會，公會特別將各區第一屆委員會成立的時間以及第一任召集人及現任召集人整理如后，也對他們及其他未列名的幹部們，在無給職的的條件下為公會及會員廠商事務奉獻，致上最大的謝意。

新竹園區

成立時間	委員會名稱	第一屆召集人	現任召集人	備註
	新竹園區大科學城推動委員會			
1987/03/24	人力資源委員會	蔡致和(全友)	曾晉皓(台積電)	總召
1987/03/24	企劃管理委員會	王武騰(東訊)	吳曉洋(東盈光電)	
1987	進出口保稅作業委員會	周衛敏(聯電)	賴仁康(聯電)	總召
1987	財務會計委員會	丁惠香(台揚)	王顥樺(矽品)	
1987	專業祕書學會	熊希偉(全友)	熊健媄(台揚)	2010/03/25更名為祕書及行政委員會
1990	環境保護委員會	黃健騰(聯電)	丁立文(力晶科技)	總召
1992/08/04	智慧財產權委員會	楊丁元(華邦)	尹強生(智易科技)	
1994/04/08	職工福利聯合委員會	韓文玉(神達)	潘麗紅(全友電腦)	
1995/01/24	NII工作員會	金世添(聯合光纖)		改資訊通信委員會
1996/03/31	工安環保委員會	王皓東(德碁半導體)		工安環保各自獨立為委員會
1997	公關聯誼會	張致遠(華邦電)	張玉如(旺宏)	改成公關委員會
1998/01/22	安全衛生委員會	牟科俊(力晶半導體)	沈洲(旺宏電子)	總召
1998/12	Y2K委員會	林坤禧(台積電)		
2000/10/23	資訊通信委員會	向亨台(卓越光纖)	蔡宗憲(盟立)	
2001/11/02	水電氣供應委員會	許芳銘(台積電)	邱健寶(漢磊科技)	總召
2005	大陸事務委員會	黃乃文(中德電子)	翁博裕(晶元光電)	
2005/02/24	安全聯防委員會	張志光(聯電)	呂忠國(台積電)	
2009/09/17	業務行銷委員會	曹立仁(邁迪科技)	石喨云(鈺創科技)	
2011/05/25	志工委員會	李道霖(旺宏電子)	李道霖(旺宏電子)	

中科園區

成立時間	委員會名稱	第一屆召集人	現任召集人
2004/08/17	中部園區工業安全及環境保護委員會	官盛宏(友達)	趙鵬文(台灣康寧)
2004/09/14	中部園區水電氣供應委員會	陳奎麟(華邦)	曾弘毅(台積電)
2005/05/31	中部園區安全聯防委員會	張史邦(友達)	江志偉(台灣日東)
2005/11/29	中部園區進出口委員會	王秀琪 (華邦)	王秀琪(華邦)
2006/04/13	中部園區人資及職工福利委員會	戴妍絜(華邦)	劉憶昕(台灣捷時雅邁科)
2009/12/08	公共事務暨行政管理委員會	柯欽瀚(友達)	改企劃委員會
2011/12/13	中部園區公關委員會	葉峻宏(台灣日東)	葉峻宏(台灣日東)
2013	中部園區企劃委員會	柯欽瀚(友達)	柯欽瀚(友達)

南部園區

成立時間	委員會名稱	第一屆召集人	現任召集人
1995/07/26	南科學園區推動委員會	黃彥群(台積電)	無
2000	台南園區廠商聯誼會	劉啟光(台積電)	無
2000/04/11	南部園區職工福利會聯合委員會	許錦發(奇美電)	周惠英(台積電)
2000/04/27	南部園區人力資源委員會	張進益(台積電)	吳大中(聯電)
2005/11/29	南部園區進出口保稅作業委員會	陳如云(怡安科技)	許峻豪(奇美)
2000/07/10	南部園區水電氣委員會	賴志明(台積電)	楊水定(台積電)
2000/07/27	工業安全及環境保護委員會	鄭國喜(台灣神隆)	李元富(台積電)
2000/10/31	南部園區資訊通信委員會	張榮敏(台灣神隆)	林宏進(南茂)
2002/01/24	南部園區安全聯防委員會	范誠(台灣應用材料)	范誠(台灣應用材料)
2004/05/25	南部園區採購管理委員會	吳樂水(台積電)	林建峰(超靜精密)
2005/08/02	南部園區產學合作與技術交流委員會	邱麗文(台積電)	吳昌崙(全訊)
2006/10/16	南部園區企劃行銷暨公共事務委員會	黃文弘(奇美)	黃建銘(住華)
2007/03/07	南部園區財務會計委員會	范姜秀珍(台灣神隆)	陳俊輝(住華)

附表
園區公會歷屆理監事名單

台灣科學工業園區同業公會理監事截至目前共有十屆，大家都是無給職，任勞任怨出席會議協助會務，對於廠商的提案或是碰到的問題，都會熱烈討論提供意見，需要拜會各部會或是首長，更是踴躍出席不落人後，平常偶有聯誼活動，大家更是珍惜，聯絡情誼，藉機紓壓。

園區公會第一屆理監事　任期：1983年9月～1986年9月

職稱	理監事名單
理事長	許正勳(全友)
常務理事	施振榮(宏碁)、林友信(聯電)
理事	王華燕(台揚)、侯承業(台灣自動化)、吳緯國(大王)、劉兆凱(東訊)、李金治(光儀)、劉文蔚(奎茂)、周衛敏(聯電)、陳春壽(神達)
常務監事	蔡新欣(福祿)
監事	曾憲章(全友)、嚴孝誠(應機)、敖景山(聯電)

園區公會第二屆理監事 任期：1986年9月～1990年3月

職稱	理監事名單
理事長	曹興誠(聯電)
常務理事	王華燕(台揚)、林輝玉(宏碁)、曾憲章(全友)、侯清雄(神達)、金世添(聯合光纖)
理事	劉英達(聯電)、王強(福祿)、侯邦為(頻率)、張慶漢(普美)、賀定元(慧智)、蘇勵平(前瞻)、吳逸民(凱得)、劉治平(普生)、王公展(長豐)、宣明智(聯電)、牛正基(環隆高分子)、羅艾德(光儀)、蔡宗仁(奎茂)、陳文藝(茂矽)
常務監事	劉兆凱(東訊)
監事	劉英達(聯電)、王強(福祿)、侯邦為(頻率)、張慶漢(普美)、賀定元(慧智)、蘇勵平(前瞻)、吳逸民(凱得)、劉治平(普生)、王公展(長豐)、宣明智(聯電)、牛正基(環隆高分子)、羅艾德(光儀)、蔡宗仁(奎茂)、陳文藝(茂矽)
理事會顧問	洪鐵成(台積)、胡忠信(全友)、劉文蔚(普安)、蘇勵平(茂矽)、張瑞昌(美台)

園區公會第三屆理監事 任期：1990年3月～1993年3月

職稱	理監事名單
理事長	曹興誠(聯電)
常務理事	王華燕(台揚)、蘇錦坤(宏碁)、胡忠信(全友)、劉兆凱(東訊)、莊進茂(神達)、楊丁元(華邦)
理事	劉英達(聯電)、宣明智(聯電)、牛正基(環隆高分子)、吳逸民(凱得)、張瑞昌(美台)、蔡南雄(茂矽)、牟敦琮(台積)、湯浩華(微科)、嚴基德(天下)、郭正忠(矽統)、徐中時(華隆)、陳碧灣(台灣光罩)、孫弘(盟立)、林文伯(訊康)、謝其嘉(台揚)、王景春(亞瑟)、劉承禹(神基)、何峻(華邦)、張錦賢(宏碁)、陳春壽(神達)、梁欽曙(全友)
常務監事	賴本隊(保生)、金世添(聯合光纖)
監事	林友信(聯電)、侯邦為(頻率)、趙乃亮(慧智)、蕭崇河(華智)、李正明(高技)、王公展(長豐)、林錫銘(偉詮)

園區公會第四屆理監事 任期：1993年3月～1996年3月

職稱	理監事名單
理事長	孫弘(盟立)
常務理事	謝其嘉(台揚)、林銘瑤(宏碁)、宣明智(聯電)、胡忠信(全友)、劉兆凱(東訊)、蔡豐賜(神達)、曾繁城(台積)、楊丁元(華邦)
理事	劉英達(聯電)、王強(福祿)、牛正基(環隆高分子)、張祿淮(慧智)、戚道協(美台)、李品昂(保生)、蔡南雄(茂矽)、林坤禧(台積)、黃崇仁(力捷)、李至誠(合泰)、張光輝(盟立)、林文伯(訊康)、林錫銘(偉詮)、李正明(高技)、張福賢(偉大)、盧超群(鈺創)、丁崇玉(和喬)、段行建(聯友)、王永彰(國碁)、葉博任(瑞昱)、高次軒(友訊)、李繁男(安普)、張威儀(中強)
常務監事	金世添(聯合光纖)、吳敏求(旺宏)
監事	張錦賢(連碁)、林友信(聯電)、傅幼軒(羅技)、張致遠(華邦)、王源泉(盟立)、郭正忠(宇慶)

園區公會第五屆理監事 任期：1996年3月～1999年4月

職稱	理監事名單
理事長	孫弘(盟立)
常務理事	謝其嘉(台揚)、林銘瑤(宏碁)、宣明智(聯電)、胡忠信(全友)、吳敏求(旺宏)、黃彥群(台積)、徐中時(華邦)、莊進茂(力晶)、駱龍圖(德碁)
理事	劉英達(聯電)、胡萬考(南方資訊)、陳文藝(茂矽)、林錫銘(偉詮)、李正明(高技)、葉博任(瑞昱)、張福賢(偉大)、盧超群(鈺創)、王永彰(國碁)、郭正中(宇慶)、段行建(聯友)、蔣澤蔭(吉悌)、林文伯(矽豐)、黃國欣(國聯)、盧志遠(世界先進)、倪國煙(漢光)、張錦賢(連碁)、謝徽榮(世界先進)、鄭俊卿(聯合光纖)
監事長	曹興誠(聯電)
常務監事	劉兆凱(東訊)、蔡豐賜(神達)
監事	敖景山(聯電)、蔡南雄(茂矽)、林坤禧(台積)、張致遠(華邦)、陳仲羲(鈺創)、簡學仁(世界先進)、張光輝(盟立)

園區公會第六屆理監事 任期：1999年4月～2002年4月

職稱	理監事名單
理事長	曾繁城(台積)
常務理事	謝其嘉(台揚)、林銘瑤(宏碁)、敖景山(聯電)、劉兆凱(東訊)、黃彥群(台積)、葉垂奇(華邦)、吳敏求(旺宏)、張崇德(聯誠)
理事	鄧俊良(全友)、林丁來(神達)、羅春木(南方資訊)、陳文藝(茂矽)、邱登燦(合泰)、盧超群(鈺創)、王永彰(國碁)、郭正中(宇慶)、張家振(訊康)、葉博任(瑞昱)、張福賢(偉大)、蔡力行(世界先進)、張錦賢(連碁)、張秉衡(世大)、許金榮(聯瑞)、蔡明介(聯發)、溫清章(聯嘉)、鄭俊卿(聯合光纖)、李康智(德碁)、林錫銘(偉詮)、沈顯和(聯友)、張光輝(盟立)、鄭建新(華健)、馬國棟(聯電)、郭智輝(信越光電)、田鎮英(矽豐)、陳澤澎(國聯)
監事長	孫弘(盟立)
常務監事	吳宏仁(聯電)、林坤禧(台積)
監事	張致遠(華邦)、蔡裕賢(合泰)、段行建(聯友)、林文伯(矽豐)、簡學仁(世界先進)、周衛敏(聯誠)、倪國煙(漢光)、陳民良(茂德)、陳建宏(國聯)

園區公會第七屆理監事 任期：2002年4月～2005年4月

職稱	理監事名單
理事長	童兆勤(翔準)
常務理事	謝其嘉(台揚)、林銘瑤(緯創)、宣明智(聯電)、林坤禧(台積)、張致遠(華邦)、林錫銘(偉詮)、吳敏求(旺宏)、盧超群(鈺創)
理事	劉英達(聯電)、劉兆凱(東訊)、胡萬考(聯合光纖)、張東隆(茂矽)、陳健邦(台積)、葉博任(瑞昱)、王永彰(國碁)、向亨台(卓越)、黃國欣(國聯)、張錫強(和立聯合)、張繼中(世界先進)、許金榮(漢民)、蔡國智(力晶)、歐陽自坤(友旺)、葉茂林(星通)、黃鋕銘(亞全)、徐仁福(台灣超能源)、邢毓瀚(高平磊晶)、蔡金萬(劍度)、倪國煙(漢光)、魏毓熙(台鹽)、朱念慈(杜邦太巨)、梅倫(茂德)、吳啟昌(文佳)、張光輝(盟立)、王獻煌(晶宇生物)、黃水上(台灣神隆)
監事長	孫弘(盟立)
常務監事	吳宏仁(聯電)、李瑞華(台積)
監事	劉謙儒(全友)、石修(光磊)、徐英士(華邦)、林雲龍(旺宏)、鄭世杰(南茂)、謝錦銘(益詮)、蔡東芳(偉詮)、陳朝煌(虹光精密)、杜全成(國聯光電)

園區公會第八屆理監事 任期：2005年4月～2008年4月

職稱	理監事名單
理事長	童兆勤(翔準)
常務理事	謝其嘉(台揚)、宣明智(聯電)、張崇德(聯電)、左大川(台積)、溫萬壽(華邦)、林錫銘(偉詮)、盧超群(鈺創)、林銘瑤(緯創)
理事	劉兆凱(東訊)、葉博任(瑞昱)、林雲龍(旺宏)、向亨台(卓越光纖)、梅倫(茂德)、吳國隆(友達光電)、鄭明山(頎邦)、王獻煌(晶宇生技)、吳啟昌(文佳)、邢毓瀚(高平磊晶)、陳有諒(金麗)、林敏雄(亞太優勢)、張錫強(和立聯合)、王以德(駿林)、陳士端(陸聯精密)、倪國煙(漢光)、謝再居(力晶)、蔡金萬(立纖)
監事長	孫弘(盟立)
常務監事	張秉衡(台積)、陳仁貴(優生)
監事	吳宏仁(聯電)、劉謙儒(全友)、劉重光(華邦)、鍾欽炎(統寶)、石修(新磊微)、陳麗芬(直得)

園區公會第九屆理監事 任期：2008年4月～2011年4月

職稱	理監事名單
理事長	謝其嘉(台揚)
副理事長	中科：陳仁貴(優生)。後因陳副理事長不幸辭世，由沈國榮接任(和大)
	南科：陳麗芬(直得)
常務理事	孫弘(盟立)、胡國強(聯電)、張秉衡(台積電)、溫萬壽(華邦)、林錫銘(偉詮)、盧超群(鈺創)
理事	周衛敏(聯電)、劉謙儒(全友)、黃文雄(東訊)、潘文森(旺宏)、徐中時(世界先進)、童貴聰(力晶)、曾邦助(茂德)、吳國隆(友達)、陳金源(晶元)、賴俊豪(創意)、鍾欽炎(統寶)、吳淑慧(亞洲基因)、陳有諒(金麗)、謝春成(景岳)、沈國榮(和大)、趙寄蓉(力特)、楊弘文(群創)、趙美華(萬記)
監事長	童兆勤(翔準)
常務監事	林銘瑤(緯創)、范姜秀珍(台灣神隆)
監事	孫世偉(聯電)、蔡能賢(台積電)、左元淮(茂迪)、蔡金萬(晶宇)、陳金營(太瀚)、吳俊福(台灣樫山)

園區公會第十屆理監事 任期：2011年4月～2014年4月

職稱	理監事名單
理事長	謝其嘉(台揚)
副理事長	中科：沈國榮(高鋒)　南科：陳麗芬(直得)
常務理事	孫世偉(聯電)、杜隆欽(台積)、溫萬壽(華邦)、林錫銘(偉詮)、盧超群(鈺創)、陳有諒(金麗)
理事	黃文雄(東訊)、張正治(盟立)、潘文森(旺宏)、吳秀蕙(中強)、王其國(力晶)、古秀華(友達)、翁博裕(晶元)、祁少銘(宏捷)、楊柱祥(群創)、吳國精(波若威)、莊琮凱(開物)、葉勝發(均豪)、嚴瑞雄(東台)、吳俊福(台灣樫山)、張裕富(新唐)、潘文輝(昱晶)、徐展平(展旺)、劉謙儒(全友)
候補理事	林敏雄(亞太優勢)、陳調鋌(科準)、王獻煌(晶宇)、陳章鑑(瑞晶)、吳啟昌(文佳)、許明哲(直得)、周鎮海(泰沂)
監事長	童兆勤(和喬)
常務監事	林銘瑤(緯創)、周衛敏(聯電)
監事	王建光(台積)、陳立賓(世界)、蔡金萬(晶宇)、謝春成(景岳)、楊德華(程泰)、林信玄(智邦)、但唐諤(高平磊晶)

園區公會理監事聯席會移師南科舉行，台南市賴清德市長親率局處首長出席聯誼餐會，與會人員大合照

附表 園區公會歷年收支

科學園區同業公會，從無到有，成立初始總幹事及會務人員薪水還來自理事長自掏腰包或是由理事長所屬公司支應，後來在歷任理事長率領下，逐步開拓財源，加上會員廠商鼎力支持，終於有今日規模。

經過卅年的成長，如今擁有自己的會館，中區及南區也都向科管局租用場地設立辦事處，在服務會員廠商之餘，也有自己的場所，不管是開會或是辦教育訓練，都很方便。

目前園區公會主要收入來源月四大塊，第一是會費，第二是租金，第二是教育訓練，第四是其他及補助收入。基本上來自政府的專案執行經費，相較於其他經費少了許多，整體的收支仕財務上仍屬健全。歷年的收支如下圖：

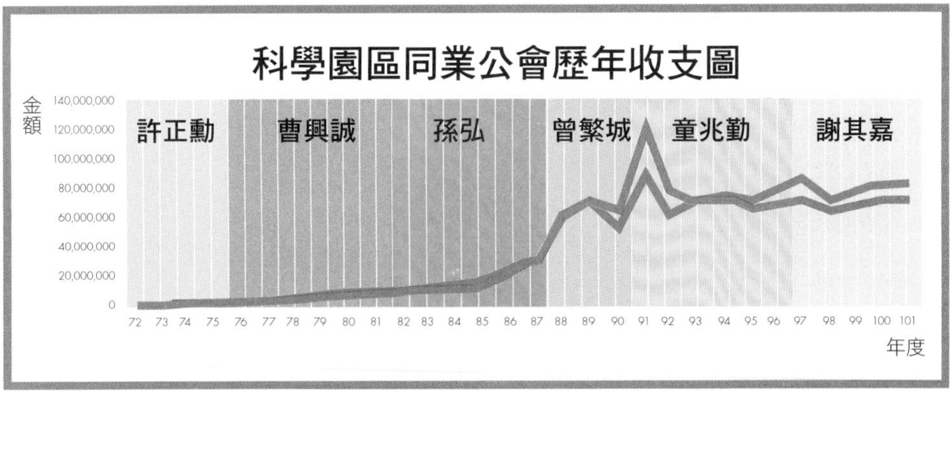

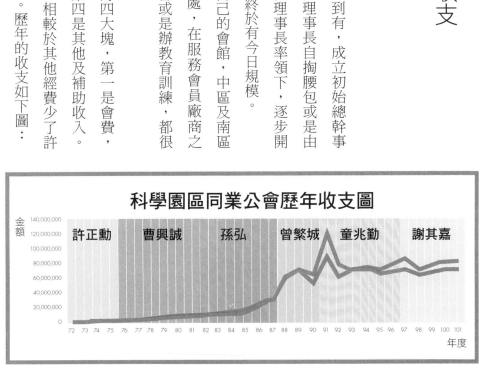

附表
園區公會人力組織表

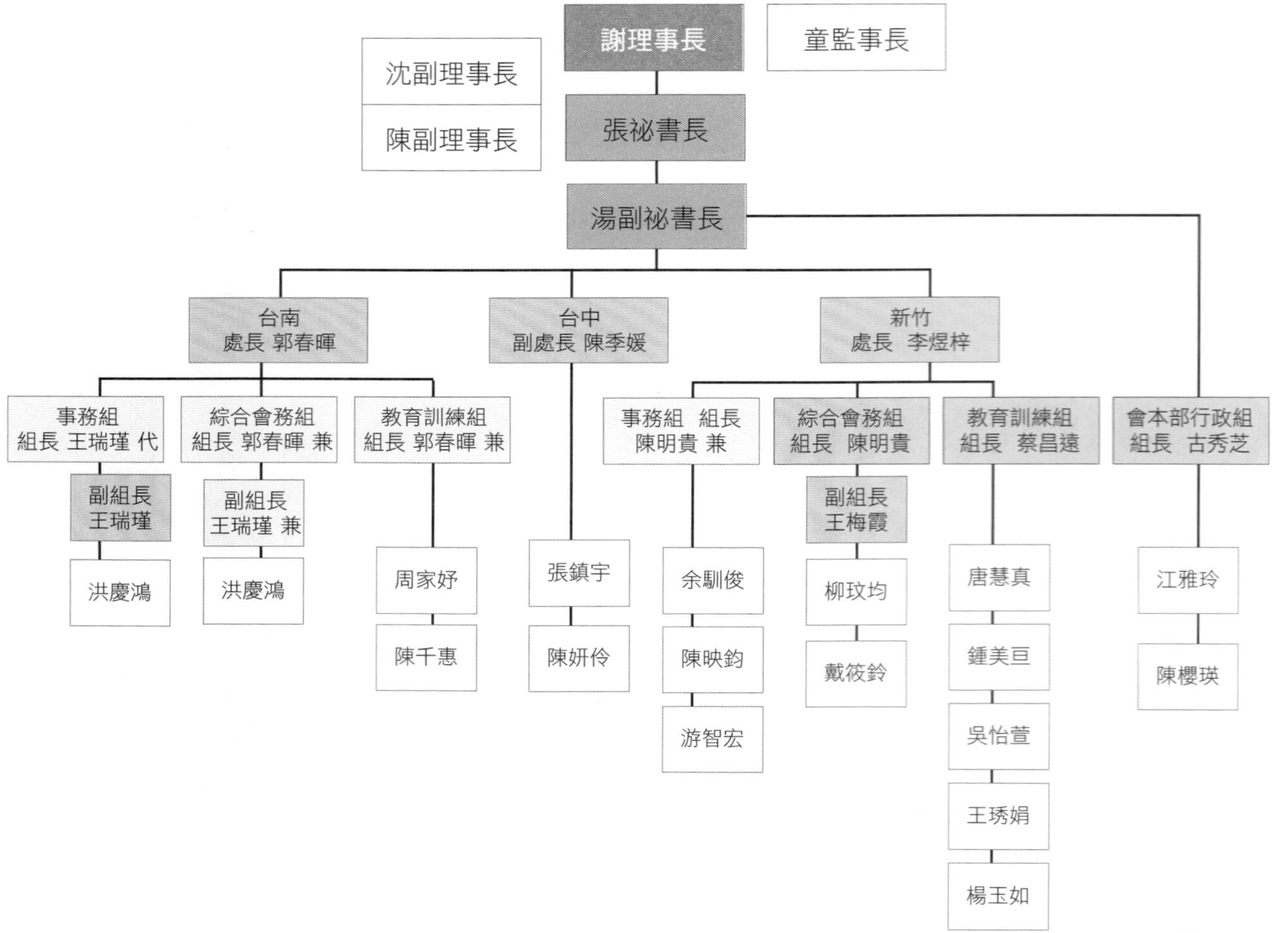

職稱＼年度	102
祕書長	1
副祕書長	1
處長	3
組長	3
副組長	2
組員	17
約僱	0
合計	27

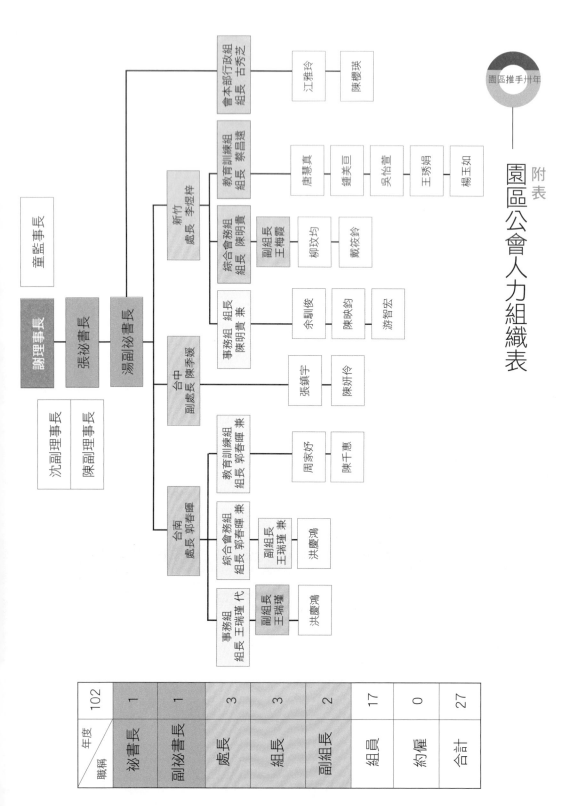

Chapter 4 卅年發展大事紀

圖片提供／科學工業園區管理局

台灣科學工業園區科學工業同業公會卅周年大事紀，主要是記載這卅年來公會發生過的大事，以年代編寫，同時也搭配政府及產業的大事紀，希望讓關心公會事務的讀者能便於透過相互對照，更清楚的閱讀及瞭解園區公會及產業在各階段的發展歷程。

卅年發展大事紀

園區公會

1983年

5/31
召開籌組公會臨時座談會

6/20
召開發起人暨第一次籌備會議

9/8
召開第一屆第一次會員代表大會暨選舉第一屆理監事，許正勳(全友)當選理事長

10/1
聘曹順官先生為第一任總幹事

10月
加入全國工業總會為會員

11月
爭取獲准停徵海關第三類規費

1984年

1月
開辦新竹台北通勤交通車

1月
開始編印會員名錄消費指南

8月
聘曹典章先生為第二任總幹事

管理局及產業

1983年

8/1
「國立科學工業園區實驗高級中學」成立

12/15
新竹園區管理局成立3週年

1984年

6/15
國科會工程技術發展處李卓顯先生接任新竹園區管理局第二任局長

1987年

3月
成立「人力資源委員會」，第一屆召集人蔡致和(全友)

3月
成立「企劃管理委員會」，第一屆召集人王武騰(東訊)

3月
成立「進出口保稅作業委員會」，第一屆召集人周衛敏(聯電)

3月
成立「財務會計委員會」，第一屆召集人丁惠香(台揚)

2/21
台積電公司成立，是全球第一家以先進製程技術提供晶圓專業製造服務的公司

1986年

6月
出版「國內大學碩博士在學研究生專長及興趣調查彙編」

9月
出版「新竹科工業園區工商法規彙編」中文版

10月
召開第二屆第一次會員代表大會暨選舉理監事，曹興誠(聯電)當選理事長

台灣電腦終端機、顯示器、電話、電算機等七項資訊電子產品產量世界第一

1985年

1月
成立進出口作業推廣小組、行銷推廣小組、製造暨研發小組

7月
成立財務會計小組

9月
會務工作績效獲內政部考評優等

4/1
新竹園區員工診所成立

7/16
聯華電子公司股票公開上市，是全國第一家上市的高科技公司

8/30
國科會核定「科學工業園區創新技術研究發展計畫獎助實施要點」

1990年

3月
召開第三屆第一次會員代表大會暨選舉理監事，曹興誠（聯電）連任理事長

4月
成立「電力供應小組」，召集人蘇晉苗（德碁）

7月
園區事業環工小組改名為「環境保護委員會」，第一屆召集人黃健騰（聯電）

7月
召開積體電路會員廠商高階主管聯誼會：共同討論同業間不仿冒、不惡性殺價、不高薪挖角等三不政策

10月
成立「科學園區推動員工安居計劃聯誼會」，召集人：翁正明（清大）

12月
會員廠商家數突破100家

6/15、6/21
新竹園區第三期土地526公頃由新竹市、縣政府分別公告徵收

7/15
聯友光電設立全國第一座TFT-LCD工廠

1989年

2月
成立「園區事業環工小組」

10月
因管理局徵收土地，導致群眾圍堵園區大門滋擾事件，曹理事長親自擬文於中時及聯合兩大報刊登：鄭重告知地主行動不得侵犯廠商權益

11/14
新竹園區管理局薛香川副局長升任第三任局長

12/31
新竹園區入區廠商突破100家

1988年

8月
舉辦第一屆財務會計績優人員選拔

9月
成立高階主管聯誼會

9月
推薦當屆所有理監事等人擔任新竹園區管理局勞資爭議仲裁委員會委員

12月
成立「專業秘書學會」，第一屆會長熊希偉（全友）

12月
爭取獲准免收「進出口原料及半製品完稅價千分之一業務費」

4/1
立衛科技成立，是台灣第一家IC測試公司

9/1
新竹園區管理局成立「勞工服務中心」，並成立勞資爭議仲裁委員會

1993年

4月
召開第四屆第一次會員代表大會暨選舉理監事，孫 弘（盟立）當選理事長

5月
對立法院刪減科技專案預算經費，爭取移作主導性工業產品及關鍵零組件之補助研發

7月
建立會務聯絡人制度

12月
向立法院陳情廢除專利法刑責條款，並在媒體刊登廣告，廠商贊助廣告刊登費用107.6萬元

1月
於新竹園區設立「晶片設計製作中心」，86.7改稱「國家晶片系統設計中心」

「國家高速電腦中心」於新竹園區完工啟用

行政院同步輻射研究中心運轉試車成功，舉行「光源啟用典禮」，由總統李登輝先生主持。

12/31
新竹園區整體產業營業額突破新台幣1,000億元

1992年

1月
訂定本會會務人員服務守則

1月
訂定會員廠商專業倫理守則，約束惡意挖角，安定基層員工工作意願

8月
爭取設立園區有線視訊網路傳輸系統

8月
成立「智慧財產權委員會」第一屆召集人楊丁元常務理事

12月
行政院郝柏村院長蒞臨園區巡視，與本會理監事座談餐敘

10/15
旺宏電子完成世界第一顆400萬位元4Mb快閃式記憶IC

12/1
國科會核定「研究開發關鍵零組件級產品計劃補助要點」

1991年

1月
興建工業污泥暫存場完成驗收使用

6月
成立「員工子女教育小組」召集人楊丁元常務理事

6月
成立「公益活動工作小組」召集人王華燕常務理事

7月
成立「區內眷宅租金協調小組」召集人蔡南雄理事

12月
台揚捐贈120萬元給龍山、關東及建功三所國小作為教育基金之用

11/1
新竹園區實施高科技產品出口管制（IC/DV）制度及通關自動化

1995年

1月
成立「NII工作委員會」第一屆召集人金世添（聯合光纖）後改名為資訊通信委員會

3月
建議廢除專利法中所有刑罰條款，改以民事訴訟程序加以規範

4月
爭取獲同意實施空運一次通關

4月
籌募敦親睦鄰公益基金166萬元

5月
開辦產地證明書簽發業務

6月
會員廠商聯電等捐款設置園區11處主要路口紅綠燈，共募得861萬元；號誌燈並採用國聯光電捐贈的LED晶片組，剩餘款並購置福斯T4偵防車、救護車各乙輛，致贈保警中隊與消防隊

7月
成立「南部科學園區推動委員會」第一屆召集人黃彥群（台積電）

5/1
新竹園區實收資本額突破新台幣1,000億元

7/15
新竹園區管理局建置完成園區ATM寬頻實驗網路等資訊服務，開啟我國NII進入實驗應用的嶄新階段

1994年

4月
成立「職工福利聯合委員會」，第一屆召集人韓文玉（神達）

5月
發起「骨髓捐贈」及贊助「台灣骨髓捐贈資料中心HLA檢驗經費」活動，共募集約150萬元

6月
孫理事長與台北縣電腦商業同業公會翁樸棟理事長共同召開「卡崔克案公平交易委員會檢舉理由及專利舉發」記者會

9月
中央標準局採納本會建議設置「專利侵權鑑定專業機構」

10月
爭取廠商出口貨物由全廠廠驗改為抽驗作業

10月
開始辦理「科學園區從業人員薪資福利調查」

11月
中央標準局採納本會所擬《積體電路電路佈局保護法》版本

11月 推動新竹園區中衛合作體系

11月
曹監事長興誠當選優良理監事

12月
會員廠商捐助近110萬元，進行園區消防栓改善工程，成功向台北市保險公會爭取免除科學園區保險費率「新竹地區加成收費10%的規定」，廠商節省保費支出2億元

12月
台積電捐贈救護車暨相關急救設備（約270萬元）支援員工診所，作為緊急救援之用

12月
聘勤業會計師事務所為本會財務查核簽證會計師

12月
孫理事長弘、曹監事長興誠擔任新竹園區四期用地評議委員

12月
孫理事長弘擔任南部園區評議委員會召集人

7/6
新竹園區第三期工業區88公頃土地開發，廠商同步進駐設廠

交通部電信總局計劃建立「大新竹網路應用實驗系統」，作為國家資訊基礎建設（NII）的先導實驗計劃，使園區率先進入資訊高速公路時代。

1995年

7月
成立「公益基金應用專案小組」第一屆召集人林銘瑤（宏碁）

8月
爭取修訂營業祕密保護法

10月
推動新竹園區大廠實施彈性上下班，以疏解交通壅塞狀況

12月
與園區管理局共同舉辦「科學園區成立15週年慶園遊會」，設攤共118攤並有汽車展示，參加人員超過二萬人

12月
首次進行會員廠商聯合採購案，全年合計採購金額約1,541萬元

12/15
新竹園區成立15週年慶

1996年

3月
發行本會會訊《科園通訊》創刊號

3月
成立「工安環保委員會」第一屆召集人王皓東(德碁)

3月
協助園區管理局推動園區公文電子化業務

3月
會員廠商認捐園區實驗中學建構校園資訊網路經費331萬元

4月
召開第五屆第一次會員代表大會暨選舉理監事，孫 弘(盟立)連任理事長

4月
教育小組與公益小組合併為「公益及教育小組」

5月 第五屆理監事共同攤捐公益基金，共募得108萬元

6月
曹監事長興誠、宏碁施振榮董事長榮獲禮聘為總統府國策顧問

7月
電力供應小組及用水小組合併成立「水電供應委員會」，第一屆召集人徐嘉立(旺宏)

9月
會員廠商響應賀伯颱風賑災捐款，共募得捐款約140萬元

11月
推動成立「科學園區廢棄物聯合處理體系」

11月
孫理事長弘當選優良理監事

12月
會費收入突破1,000萬元

1/20
台南園區動土典禮

7/23
王弓先生接任第四任新竹園區管理局局長

12/31
新竹園區入區廠商突破200家

1998年

3月
將工安環保委員會改制，依其業務分別成立工業安全衛生委員會及環境保護委員會，召集人分別為牟科俊(力晶)、范光榮(世界先進)

3月
研擬「園區環保公約」，並推動訂定每年10月為「新竹園區工安月」

6月
為因應園區自來水供應不足，讓會員廠商免遭斷水之苦，籌募「處理緊急事故應用公積金」，會員廠商共贊助約303萬元

11月
林常務理事銘瑤當選優良理監事

12月
成立Y2K委員會，召集人林坤禧(台積電)，協助廠商因應千禧年電腦年序問題

12月
籌募敦親睦鄰公益基金約1,155萬元

2/24
新竹園區第四期擴建用地評審委員會決定選擇苗栗縣竹南及銅鑼基地

4/1
保安警察隊進駐南部園區

6/13
南部園區籌備處第三任主任黃文雄接任

7/16
南部園區籌備處進駐標準廠房

12/21
台南園區東西向道路東段正式通車、宿舍區正式啟用

12/31
新竹園區實收資本額突破新台幣5,000億元

1997年

8月
成立「公關聯誼會」第一屆召集人張致遠(華邦)

10月
委託交通大學進行「園區行車系統營運管理」專案研究

11月
為因應園區自來水供應不足，讓會員廠商免遭斷水之苦，籌募「處理緊急事故應用公積金」公積金，會員廠商共贊助216萬元

11月
與交通大學企業法律中心合辦「1997全國智慧財產權研討會」

11月
宣常務理事明智當選優良理監事

12月
會員廠商華邦電子捐贈園區消防隊特殊用途用吉普車乙輛

1月
會員廠商華邦等捐款改善園區道路指標系統工程，共募得935萬元

2月
爭取高科技產業兩稅合一、兩惠併存之優惠推展方案

2月
出版人力資源培訓手冊

6月
與會員廠商智邦科技共同舉辦「讓璀璨的生命延續到最後」-省新醫院籌設安寧病房募款晚會，共募得550萬元

7月
與管理局合辦「孫運璿學術基金會」募款餐會，計有曾繁城常務理事捐贈100萬元及矽品等廠商捐款共計197萬元

7月
協助實驗中學家長會募款活動，共募得417萬元

7/5
南部園區籌備處第一任主任童兆勤就任

7/8
南部園區籌備處掛牌典禮，連副總統親臨主持

9/15
南部園區籌備處第二任主任王弓就任

12/31
新竹園區整體營業額突破新台幣4,000億元

1月
與南科開發籌備處、台南縣政府等單位辦理「2000年南科聯合徵才敦親睦鄰博覽會」，各廠商贊助活動經費198萬元

4月
成立南部園區「職工福利會聯合委員會」第一屆召集人許錦發(奇美電子)

4月
成立南部園區「人力資源委員會」第一屆召集人張進益(台積電)

4月
籌募89年度敦親睦鄰及公益活動基金，共有會員廠商189家響應，捐款金額共約2,315萬元

5月
成立南部園區「進出口保稅作業委員會」第一屆召集人陳如芸(怡安)

5月
管理局、本會與東元醫院正式簽訂園區員工診所公辦民營合約，本會專案小組受邀擔任監督評鑑任務

7月
成立南部園區「水電氣供應委員會」第一屆召集人賴志明(台積電)

8月
爭取「科學工業園區內之科學工業，其投資計劃經核准分期實施者，可適用免徵營利事業所得稅之優惠案」

9月
九二一震災發起會員廠商捐輸超過7億元

10月
協助新竹市政府「新竹之心」募款955萬元

10月
成立本會南部園區辦事處，為南部園區廠商提供服務

10月
與新竹園區管理局合辦第一屆「科學園區工安月」活動，為期一個月

10月
秘書學會編輯出版《科技心 秘書情-科園秘書與您分享好心情》乙書

11月
推動氟化鈣污泥資源化研究專案

11月
謝常務理事其嘉當選優良理監事

3月
召開第六屆第一次會員代表大會暨4/15選舉理監事，曾繁城(台積電)當選理事長

4月
承接新竹園區員工診所委託民辦營運評選業務

5月
響應政務委員楊世緘等發起贊助美國麻省理工學院產業實力研究中心進行「產業全球化研究計劃」之「台灣計劃」，共計捐款200萬元送交工業總會統籌運用

6月
北區國稅局重新核定園區廠商82年度營利事業所得稅補稅案，爭取獲得免徵之適法性解釋，核准免予補稅，金額高達十多億元

6月
為因應園區自來水供應不足，讓會員廠商免遭斷水之苦，籌募「處理緊急事故應用公積金」，會員廠商共贊助約289萬元

7月
園區管理局擬自88.07.01起調漲土地租金，調幅自3%調漲至5%。案經本會協商希望調降園區管理費0.05% 作為對應，以減輕廠商之財務負擔，獲得管理局及國科會採納實施

2000年

1999年

1/12
成大生物科技研究所所長戴謙博士接任南部園區管理局局長

4/21
南部園區路竹基地推動小組成立

6/13
五鼎生技公司正式掛牌上市，成為國內第一家生化股上櫃公司

12/1
黃文雄先生接任新竹園區管理局第五任局長

12/1
財團法人奇美醫院南科聯合診所開幕

12/31
新竹園區營業額達6,509億元，成長率達43%，創新竹園區歷史新高

1/4
高雄關稅局南部園區支局籌備處進駐標準廠房

7/25
新竹園區竹南基地118公頃開工動土

9/21
發生七二九全台大停電及九二一大地震，新竹園區廠商損失近新台幣100億元

10/1
南部園區道路命名完成

2002年

1月
成立南部園區「安全聯防委員會」第一屆召集人范 誠(台灣應用材料)

1月
釋放會務發展基1,990萬元，以作為興建會館大樓費用

4月
召開第七屆第一次會員代表大會，並選理監事童兆勳(翔準)當選理事長

4月
本會LOGO開放設計徵選，決選後並向智慧財產局申請團體標章註冊

7月
贊助新竹縣政府辦義民祭活動50萬元

10月
園區工安月與環保月活動合併舉辦，更名為「工安環保月」

10月
協助台北市文化局為「李國鼎故居修復再利用計劃」進行募款活動，作為台灣產業、政治文化發展的見證，經由本會捐款會員計有台積電等公司捐贈共132萬5仟元

11月
吳常務理事敏求當選優良理監事

12月
會員數突破300家、會費收入突破3,000萬元

3/22
開放8吋晶圓廠登陸

4/22
國科會發佈「民間園區併入科學工業園區設置管理辦法」

5/17
行政院經建會確認大雅基地及林厝農場為中部科學園區位址，並列入行政院六年重大國家發展計畫

5/24
工研院南科院區進駐

2001年

1月
新竹園區「NII委員會」與「園區有線視訊管理委員會」合併更名為「資訊通信委員會」，以符合實際業務需求

1月
與南部科學園區開發籌備處、台南縣政府合辦「2001年南科廠商敦親睦鄰園遊會」，24家會員廠商贊助活動經費，近200萬元

5月
建請交通部等政府單位對高速鐵路行經台南園區所引發之低頻振動值，控制在距高鐵200公尺地區達48db以下標準，以免影響園區廠商產品良率，及穩定廠商投資意願

7月
與新竹園區管理局、台電、學者專家等共組「園區供電品質改善指導委員會」

8月
舉行會館大樓開工動土典禮

11月
林常務理事錫銘當選優良理監事

12月
協助新竹縣尖石鄉新光國小辦理泰雅族原住民學童「募集一個夢想音樂會」募款晚會，計有友旺等會員廠商捐助300餘萬元

5/2
國科會成立「中部園區基地遴選委員會」

7/7
陳水扁總統親臨主持路竹園區動土典禮

7/17
李界木先生接任新竹園區管理局第六任局長

9/1
南部園區國小開始招生

9/3
國家矽導計畫正式開跑

9/13
南部園區產學協會成立

2000年

7月
成立南部園區「工業安全及環境保護委員會」第一屆召集人鄭國喜(台灣神隆)

9月
舉辦第一屆人力資源楷模選拔

10月
成立南部園區「資訊通信委員會」第一屆召集人張榮敏(台灣神隆)

11月
會員廠商台積電、聯電、華邦各捐款150萬元共450萬元，以本會名義支援縣政府購置寶山二重地區救護車及消防幫浦車，及生命線推展業務經費使用

11月
張監事致遠當選優良理監事

12月
慶祝園區成立20週年慶及協助管理局舉辦「科學工業園區產業全球論壇會議」系列活動，會員廠商捐助辦理經費共計2,410萬元。

12月
成立南部園區「台南園區廠商聯誼會」第一屆召集人劉啟光(台積電)

6/15
行政院「加強生物科技產業推動方案」明訂「竹南生技園區」為政府全力推動生技產業的主要建設之一，並為國內第一個生技園區

12/15
新竹園區成立20週年

2004年

5月
成立本會中部園區辦事處，為中部園區廠商提供服務

5月
成立南部園區「採購管理委員會」第一屆召集人吳樂水(台積電)

7月
童理事長拜會新竹市林市長及鄭議長，成功爭取新竹園區廠商自94年1月起「免隨水徵收一般廢棄物清理費」，並籌募「新竹園區環境保護公積金」，以因應地方政府於94年元月起停徵「隨水費徵收清潔費」之相關後續業務支應需要

8月
成立中部園區「工業安全及環境保護委員會」第一屆召集人官盛宏(友達)

9月
成立中部園區「水電氣供應委員會」第一屆召集人陳奎麟(華邦)

11月
盧常務理事超群當選優良理監事

1/2
保安警察隊進駐中部園區

1/28
行政院核定將桃園龍潭科技園區納入新竹科學園區

7/27
行政院核定「路竹園區」更名為高雄園區

12/2
行政院游錫堃院長主持虎尾園區動土典禮

2003年

11月
辦理科學園區第一屆廠務技術研討會

11月
劉理事兆凱當選優良理監事

2月
編印發行新修正之保稅業務相關法規彙編

3月
動支會務發展基金及累積結餘基金約2,112萬元，提供興建會館之用

9月
本會成立20周年

9月
會館大樓落成啟用

6/2
南部園區管理局新團隊佈達暨誓師大會、路竹組正式成立進駐路竹園區

7/28
陳水扁總統、行政院游錫堃院長蒞臨中部園區台中基地及友達光電台中廠聯合動土典禮

9/1
南部園區國中、國小雙語部開始招生

9/22
行政院核派新竹園區管理局李界木局長兼任中部園區開發籌備處主任

1/3
立法院三讀通過新修正之專利法，將侵害新型專利及新式樣專利的刑事責任均予廢除，3/31起施行

1/17
竹南園區服務處揭牌

1/25
南部園區管理局正式成立、營業額破千億

2/14
新竹園區科技生活館大眾運輸轉運站正式完工啟用

5/1
南部園區資源再生中心正式營運

6月
宣明智常務理事有鑑於目前國內治安不佳、社會秩序失常，國人身家財產受到無比威脅，規劃發起「竹安工程計劃」

8月
成立南部園區「產學合作與技術交流委員會」第一屆召集人邱麗文(台積電)

11月
葉理事博任當選優良理監事

11月
成立中部園區「進出口保稅作業委員會」第一屆召集人王秀琪(華邦)

12月
本會租用南部園區商務會館作業南部園區辦事處辦公處所，裝修完成並進駐

3月
本會常務理事張崇德先生(聯電副董事長)擔任本會理監事會南部園區聯繫決策小組召集人；常務監事張秉衡先生(台積電副總經理)及理事陳麗芬女士(南部園區直得科技董事長)擔任副召集人。
中部園區常務監事陳仁貴先生(優生生物科技董事長)擔任中部園區聯繫決策小組召集人；理事沈國榮先生(和大工業董事長)、及理事吳國隆先生(友達光電副總經理)擔任副召集人，以就近處理南部及中部園區之重大會務事宜。

5月
行政院謝院長在本會舉辦「新竹園區科技產業座談會」，聽取與會理監事及高階主管代表意見。

5月
成立中部園區「安全聯防委員會」第一屆召集人張史祁(友達)

1月
南部園區辦事處編印出版《治安．交通．醫療．緊急救護；生活指南．安全聯防及中英日導覽手冊》

2月
成功爭取科學園區消防隊由由內政部消防署設置，以達專業單一窗口服務目標

2月
成立新竹園區「大陸事務委員會」第一屆召集人黃乃文(中德)

2月
為聲援聯電和艦案召開記者會

3月
召開第八屆第一次會員代表大會暨選舉理監事，童兆勤(翔準)連任理事長

3月
首次根據竹、中、南三園區核准入區家數及加入公會廠商家數之平均比率分配推薦竹、中、南部園區理監事參選名單

2005年

10/3
高雄園區生技醫療器材專區推動委員會成立大會

11/30
台灣銀行、土地銀行、第一銀行及中國商銀四家銀行進駐中部園區，舉行聯合開幕典禮

12/14
新竹園區25週年慶，並舉辦「全球高科技論壇

6/27
行政院核定后里園區(后里農場)籌設計畫

7/29
中部園區籌備處由中港路辦公室遷入園區標準廠房，陳水扁總統親臨中部園區主持管理局二週年慶典禮

9/7
高雄園區產學策進會成立

1/31
行政院同意新竹園區園區三路及園區五路沿線34公頃及竹南園區三期18公頃，作為園區擴建用地

3/1
台灣12吋晶圓廠突破10座，全球最密集

5/23
宜蘭園區臨時辦公室揭牌

2007年

1月
陳總統與行政院蘇院長視察新竹園區，本會理監事及會員廠商高階主管受邀參加座談

3月
成立南部園區「財務會計委員會」第一屆召集人范姜秀珍(台灣神隆)

3月
贊助台北國際社區廣播電台(ICRT)發射台遷移經費214萬元，其中會員廠商贊助經費用164萬元

3月
推薦新竹園區人力資源委員會廖舜生召集人代表本會，擔任內政部「研發替代役基金管理會」委員

10月
有關經濟部水利署指示北區水資源局積極執行海水淡化廠模組廠試驗計畫，其營運成本落實以使用者付費為原則，將由科學園區負擔，本會經召集用水大廠開會研商結果，無法承諾使用

11月
成功爭取南部園區管理局「暫緩調漲台南及高雄園區土地租金」，改採兩階段調整租金

11月
協助解決五崧捷運及驊洲運通公司勞資爭議案

11月
謝常務理事其嘉第二度當選優良理監事

1/15
高雄園區員工宿舍開放進住

1/24
總統號令公布中部園區管理局組織法

3/15
中部園區管理局成立及楊文科局長佈達典禮

7/6
高雄園區污水處理廠獲ISO 14001國際認證

8/23
新竹園區管理局代表國科會榮獲第九屆行政院服務品質整體獎

9/10
陳水扁總統偕非洲5國元首參訪中部園區

11/20
財團法人金屬工業研究所進駐高雄園區

12/12
「科學園區通關服務e網通」啟用

2006年

1月
經本會強烈建議新竹園區污泥焚化爐於立法院科技及資訊委員會議決議立即停燒

4月
成立「中部園區人資及職工福利委員會」第一屆召集人戴妍絜(華邦)

6月
有關新竹園區污水處理費調漲方案，因原計畫成本中包含已停止運轉即將拆除之焚化爐設施費用，顯未合理，建請管理局剔除該分攤成本後再行調漲，獲管理局及新竹市政府同意採納；本會提供之降低污泥處理成本方案亦獲管理局參採。

10月
成立南部園區「企劃行銷暨公共事務委員會」第一屆召集人黃文弘(奇美)

11月
孫監事長弘第二度當選優良理監事

1/3
行政院核定后里園區(七星農場)籌設計畫

2/17
中部園區開發籌備處李兼主任界木卸任，楊文科副主任代理主任

5/25
中部園區開發籌備處楊文科副主任真除，就職佈達

8/22
南部園區實驗中學揭牌

10/2
黃得瑞先生接任新竹園區管理局第七任局長

11月
童監事長兆勤當選優良理監事

11月
南部園區辦事處發行「南部園區產業園地」雙月刊會訊，以加強服務品質、整合專業委員會能量、擴大會員廠商交流功能

12月
舉辦2008年歲末記者會，就會員廠商在全球經濟不景氣及金融風暴襲擊之下，所遭逢的困難議題，主要訴求如下
一個理念：(政府挺銀行、銀行撐企業、企業顧員工)
二個原則：(健全配套有效對治、及時反應快速解決)
五個課題：(不抽銀根、免徵證交稅;、調降工業電價、廢除研發替代役基金、調降園區管理費及租金)

12月
行政院劉院長兆玄視察南部園區並與廠商座談

8月
理事長與蕭副總統、行政院劉院長兆玄、薛秘書長香川、國科會李羅權主委及中部園區管理局楊局長文科共同主持「中部園區廠商座談會」

9月
承租中部園區管理局工商服務大樓七樓作為中部園區辦事處辦公會所，裝修完竣落成使用；動支本會會務發展準備基金550萬元，以支應相關裝修工程費用

10月
本會榮獲行政院勞委會頒發2008年第一屆安全伙伴年會團體貢獻獎

10月
謝理事長陪同馬總統視察竹北生醫園區進度情形

11月
謝理事長陪同管理局顏局長接待大陸海協會陳雲林會長等一行蒞臨新竹科學園區參訪

1月
台南縣政府2008年台灣燈會活動，本會共有28家會員廠商參與贊助，贊助經費約1,686萬元

2月
舉辦「十全十美音樂會」邀請理監事、高階主管、委員會委員及眷屬共計500多人與會

2月
編印發行《資訊通信委員會專刊》

3月
修訂章程：本會置副理事長二人，由理事長於理事會就常務理事中提名推薦；副理事長代表理事長擔任其他二園區理監事之召集人，並輔助理事長協調處理該園區之相關會務。

3月
召開第九屆第一次會員代表大會暨選舉理監事，謝其嘉(台揚)當選理事長

6月
調整提升本會北、中、南三處園區辦事處主任之職稱為「處長」，以因應會務發展需要

2008年

11/6
行政院核定中部園區四期二林園區籌設計畫

11/6
海關進駐中部園區辦公室揭牌典禮

12/25
行政院劉院長兆玄視察南部園區暨廠商座談會

8/4
中部園區產學訓協會成立

8/5
中部園區管理局5週年局慶，蕭萬長副總統及行政院劉兆玄院長蒞臨指導

9/21
馬英九總統視察二林園區

10/25
馬英九總統視察新竹生醫園區開發與招商情形

1/19
南部園區管理局5週年局慶

3/6
新竹生醫園區啟用典禮

3/13
中部園區管理局行政大樓正式啟用，就業服務站及員工診所等單位同日開幕啟用

5/20
新竹園區管理局顏宗明副局長升任第八任局長

8月
莫拉克颱風造成台南園區及高雄園區廠商用水問題，謝理事長親自坐陣南科，與副理事長陳麗芬共同協助園區廠商研商因應對策，並與科學園區管理局陳俊偉局長等高層全力向中央單位爭取協助解決廠商缺水問題

8月
中國移動王總裁建宙接受本會邀請來區參訪

9月
成立新竹園區「業務行銷委員會」，第一屆召集人曹立仁(邁迪)

9月
邀請國科會與三區管理局共同針對三區，重新評估因氣候變遷、極端氣候所帶來的旱洪期間之供水、供電、供氣、淹水、交通、通訊等風險，提出因應與改善方案並落實。國科會已成立「災害防救應用科技方案」工作小組，規劃推動災害防救應用科技方案中長期計畫

10月
成功爭取交通部同意中油公司沿新竹園區園區三路跨越橋(下為國道一號97K＋031)北側人行道，舖設四吋天然氣管線，以利園區天然氣供氣成環

5月
南部園區辦事處舉辦「立法院王院長與南部園區廠商有約座談交流會與聯誼餐會」

6月
舉辦年中記者會，會中提出(1)建議延續管理費既有優惠政策，加速度過經濟風暴。(2)在維護國家主權、安全及商業機密前題下，建議政府加強產業西進政策，擴大大陸市場，充實在大陸競爭力

7月
成功爭取台南園區及高雄園區土地租金分三年調整

7月
與新竹園區管理局舉辦2009園區就業博覽會

8月
曹總幹事典章屆齡退休，轉聘為本會會務顧問

8月
莫拉克颱風重創南台灣，本會籲請會員廠商及從業員工，發揮同胞愛，伸出援手，以協助受災地區民眾渡過難關，重建家園。透過本會代轉捐至內政部賑災專戶及鄰近鄉鎮之捐款共505萬元。經本會調查會員廠商其他捐輸，三區共219 家廠商回覆，超過6.35億元

1月
中部園區辦事處編印發行《2009中部園區生活就業指南》

1月
馬總統率領相關部會首長蒞臨本會，為因應全球經濟景氣衰退，與廠商代表座談。本會與管理局共同彙集園區整體產業之建言，包括銀行莫抽銀根、10號公報、調降電價、大陸投資盈餘重複扣稅及其他稅制規定、環境影響評估法相關規定、調降園區土地、廠房租金、管理費等共11項議案。馬總統並當場宣布園區管理費減半，由1.9‰ 降為0.95‰

3月
成功爭取中部園區管理局『標準廠房地下停車場免收租金一年』及『標準廠房調降租金』，廠商約年省600萬元

4月
成功爭取園區事業得生產非保稅產品

5月
成功爭取南部園區管理局調降園區宿舍租金，廠商約年省400萬元；調降台南及高雄基地標準廠房租金，廠商約年省1,700萬元

2009年

10/2
宜蘭園區城南基地一期開發工程動土典禮

10/15
新竹生醫園區標準廠房動土典禮

11/19
行政院核定中興新村高等研究園區籌設計畫

11/21
中興新村高等研究園區揭牌典禮

5/25
中部園區管理局辦理就業博覽會

7/4
高雄園區第二期標準廠房新建工程完工

7/11
新竹園區管理局舉辦2009園區就業博覽會

8/1
中部園區實驗中學籌備處成立

1/9
馬總統在與廠商座談會中宣布科學園區管理費減半，由1.9‰降為0.95‰

1/22
國科會為因應全球金融海嘯推動「固本精進計畫」，鼓勵園區廠商與學研界合作持續投入研發工作

5/1
中部園區巡迴巴士通車典禮

4月
籌募「新竹縣市六座危橋監測系統建置經費」，共有台積電等61家會員廠商參與攤捐，金額共約1,011萬元

6月
總幹事及副總幹事之職稱改為「秘書長」、「副秘書長」

6月
委託中原大學呂鴻德教授進行「台灣科學園區與主要國家地區投資環境比較」分析研究案

8月
因應「中部園區三/四期暫停開發案」召開記者會：本會訴求-盡速解決開發程序及法制上之爭議，使已入區廠商及已申請入區廠商之損失降至最低，並作必要之損害補償。檢討行政作業制度，使此一作業程序脫序之狀況不再發生。並於8/26拜會立法院王金平院長、9/13拜會行政院吳敦義院長

1月
成功爭取管理費減收25%，為期半年

3月
行政院吳敦義院長與本會理監事及三區會員廠商高階主管座談會

3月
與新竹園區管理局合辦「2010新竹園區就業博覽會」徵才活動

3月
公關學會轉型為公關委員會

3月
秘書學會轉型為秘書行政委員會

3月
成立科學園區管理費改善專案小組，由孫常務理事弘擔任召集人

4月
出版《科學園區產業園地季刊》

10月
聘張致遠先生為本會第二任總幹事

11月
林常務理事錫銘第二度當選優良理監事

11月
成功爭取勞委會放寬勞基法第九條定期契約屆滿後之限制，增訂資方於一定勞工比例限制內，即可於勞資雙方合意下，聘用定期契約勞工，不限制定期契約須為非繼續性工作內容

11月
成功爭取暫緩調漲土地租金因公共設施建設完成，而必須調漲公共設施建設費分攤費

12月
成立中部園區「行政管理暨公共事務委員會」第一屆召集人柯欽瀚(友達)

12月
立法院王金平院長出席本會於南部園區辦事處召開之理監事聯席會暨南部園區高階主管歲末聯誼餐會

12月
出席中部園區二林基地動土典禮，理事長並代表園區廠商致詞，並與馬總統、行政院吳院長、國科會李主委等長官共同進行動土儀式

2010 年

5/27
新竹園區管理局致力新竹園區成為「節能低碳科技園區」獲台灣區電機電子工業同業公會核發「碳足跡標籤」，為國內政府單位之首例

6/30
南部園區管理局榮獲行政院第2屆政府服務品質獎

7/14
台鐵南部園區車站正式啟用

8/2
中部園區實驗中學揭牌典禮

8/15
中部園區管理局舉辦就業博覽會

1/1
國科會為扶持園區廠商度過金融海嘯，持續調整減收管理費25%，為期半年

1/28
南部園區免費巡迴巴士通車

3/13
落實政府「促進就業年」新竹園區管理局舉辦「2010新竹科學園區就業博覽會」

3/17
行政院吳敦義院長與中部園區廠商座談會

5/14
中部園區員工協助中心啟用，提供園區員工法律諮詢、心理輔導等服務

2009 年

12/26
中部園區二林基地動土典禮，馬英九總統、吳敦義院長親臨主持

12/30
南部園區50峰瓩併聯型太陽光電發電系統設置工程完工

4月
於人力資源、進出口保稅作業、安全衛生、環境保護及水電氣供應等5個委員會設置總召集人乙職，以利快速又有效解決三區共通性之重大議題

5月
成立『新竹園區志工委員會』第一屆召集人李道霖(旺宏)

7月
本會設有5個總召集人之委員會與國科會共同組成「科學園區產業發展協調小組」，透過此溝通平台，建立園區預警系統，協助園區廠商解決問題

7月
張致遠秘書長出席「玉山矽谷科技論壇」

1月
謝理事長、盧超群常務理事、吳俊福監事，張秘書長等人出席財團法人李國鼎科技發展基金會與大陸科技部海峽兩岸科技交流中心於北京共同主辦「2011年第一屆海峽兩岸科技創新論壇」，為期4天

3月
呂學樟立法委員於本會召開「高科技業管制放流水標準檢討公聽會」，本會於會議中表達六大疑慮

3月
召開第十屆第一次會員代表大會暨選舉理監事，謝其嘉(台揚)連任理事長

3月
出版《量己力-衡外情》-2011台灣科學園區與主要國家園區投資環境比較一書

8月
贊助新竹縣型塑及活絡城市表演藝術活動計畫之「明華園『超炫白蛇傳展演』」活動經費50萬元

9月
謝理事長率理監事等人籌組江蘇及上海世博參訪團，為期8天

10月
馬總統於總統府接見本會謝理事長等十位理監事代表

11月
溫常務理事萬壽當選優良理監事

12月
本會遵循「勞動基準法」作為會務人員管理依據，結清會務同仁於公會服務至100年1月1日前工作年資之退休金

2011 年

2010 年

5/18
新竹生醫園區生醫研發中心成立暨生技大樓啟用，馬總統親臨剪彩及揭牌

6/1
南部園區公共設施太陽能光電發電系統設置工程完工

7/23
中部園區聯合徵才博覽會

8/15
台中園區單身宿舍開放進住

8/17
國家實驗研究院「台灣颱風洪水研究中心」在中部園區揭牌

1/1
中興新村高等研究園區之人員及業務順利完成無縫接軌

1/13
新竹園區管理局顏局長率同仁赴北京參加財團法人李國鼎科技發展基金會主辦之「2011年第一屆海峽兩岸科技創新論壇」

1/14
中部園區實驗中學新建工程動土典禮

4/28
「全球科技高峰論壇」31國科技機構主管及學術領袖參訪新竹園區

5/4
行動就業服務站進駐高雄園區

10/15
國科會指派中部園區管理局楊局長兼任中興新村高等研究園區開發籌備處主任

11/14
馬英九總統蒞臨南部園區「金融海嘯後科學園區產業發展」座談會

11/23
南部園區環工中心及資源再生中心通過國際碳足跡認證

12/8
新竹園區「矽導新竹園區商務中心」開幕

12/15
新竹園區30週年慶活動-新竹園區三十璀璨國際，蕭萬長副總統蒞臨致詞及頒獎

2月
成功爭取國科會提供150萬經費投入「園區水電氣專案報告計畫」研究項目

3月
南部園區辦事處編輯出版「2012南部科學工業園區採購指南」

5月
證所稅最低稅負制稅率調高案：積極爭取針對營利事業適用最低稅負部份，以分離課稅方式計算，以符合資本利得及租稅公平之原意

5月
經本會強力爭取，生物急毒性管制擬轉換為氨氮管制，管制期程延後

5月
出席「台灣、江蘇週經貿合作交流會」暨中部園區第一家陸資公司台灣蘇晶中部園區廠啟用典禮，會中與常州市蘇晶電子材料公司簽定投資及入會協議

11月
出席「馬總統2011向企業請益座談會」

11月
陳副理事長麗芬當選優良理監事

12月
成立『中部園區公關委員會』第一屆召集人葉俊宏(台灣日東)

12月
為使本會會務運作制度更為健全，修訂會務人員服務規則及工作規則；並陸續進行本會規章彙編編訂作業

7月
職訓局100年度「TTQS(台灣訓練品質系統)評核」作業，本會成績優異，榮獲核定為銀牌訓練訓機構；職訓局評比列為(桃竹苗區)A級訓練機構

8月
組團參觀電機電子工業同業公會在大陸舉辦「2011年昆山電子電機暨設備博覽會」

9月
台灣經濟向前行：與台北市電腦公會共同向各政黨總統參選人提出建言

2012年

2011年

4/29
南部園區管理局舉辦2012就業徵才博覽會

5/18
銅鑼園區第一家正式營運廠商達邁科技，新廠落成啟用

5/23
中部園區第一家陸資公司台灣蘇晶中部園區廠啟用典禮

6/11
新竹園區管理局與美國馬里蘭大學簽署合作備忘錄

7/16
行政院核定中部園區台中園區擴建計畫

12/1
新竹園區管理局與園區公會合辦「高科技產業論壇」

12/1
南部園區永續環境綠色園區推動計畫榮獲「行政院100年國家永續發展獎」

12/8
台中園區放流管全線啟用通水

12/19
南部園區成為國內第一個全區溫室氣體排放量通過第三公正單位查證之工業區

12/24
竹南園區行政暨工商服務中心聯合啟用典禮

8/23
新竹園區管理局顏局長率同仁參加電機電子工業同業公會在大陸舉辦「2011年昆山電子電機暨設備博覽會」

10/28
新竹園區管理局之「企業環境報告書(CSR)」獲「台灣企業永續報告CSR」政府單位組銅牌獎暨新秀獎

11/16
新竹園區管理局園區作業基金資金調度業務，獲財政部評選為2010年度財務措施成效優異單位

11/29
高等研究園區工研院「中台灣創新園區」動土、資策會「新興智慧技術研究中心」揭牌

2013年

1月
舉辦2013第一季科學園區廠商與國科會朱敬一主委座談會

7月
謝理事長籌組2013江蘇經貿參訪團，前往昆山、常州、揚州、泰州、鹽城等地，考察台商投資首善之區江蘇省之產業發展佈局、園區建設及兩岸科技產業未來之合作發展機會，為期7天

7月
邀請立法院王院長金平來區專題演講「我對台灣經濟的期許」

9月
會務工作績效因連續5年獲內政部考核優等

9月
古秀芝組長榮獲內政部評選為優良會務人員

1/27
南部園區管理局10周年局慶

7/26
中部園區管理局10周年局慶

2012年

7月
舉行「台灣科學園區2012總統訪視座談會」，馬總統親率國科會朱敬一主委、財政部張盛和部長、經濟部杜紫軍次長、金管會、勞委會等官員與本會理監事及高階主管座談，本會提出四個建議案及三項冀望、八項建言，請總統及各部會參採；總統並指示國科會需於二個月內再與廠商座談說明執行情形

8月
為促進異業合作，開始辦理跨領域交流座談會

9月
湯副秘書長玉惠榮獲內政部評選為優良會務人員

9月
國科會朱主委率領各部會官員來園區就「2012總統訪視座談會後續執行情形」舉行座談會，針對本會在馬總統7/14訪視園區座談時所提各項建議案，提出後續執行進度說明

11月
沈副理事長國榮當選優良理監事

9/18
高雄園區免費巡迴巴士正式起跑

11/15
南部園區管理局發表南部園區工安白皮書

11/21
銅鑼科學園區北側聯外道路及國道1號銅鑼交流道通車典禮

11/22
高雄園區污水下水道系統成為全國第一個「水足跡通過第三公正單位查證」之污水廠

11/23
經濟部工業局舉行「綠色工廠標章頒證典禮」，表揚國內第一批獲認證廠商，新竹園區台積電12廠、聯電Fab8、羅門哈斯亞太研磨材料竹南園區廠等公司獲獎

12/11
新竹園區污水處理廠溫室氣體盤查通過英國標準協會(BSI)查證

影像說故事

竹科會務活動集錦

馬總統到竹科與廠商座談並認真做筆記

電電公會羅懷家（右一）副秘書長來訪，與謝其嘉理事長（坐位）、張致遠祕書長（左一）合照

張致遠祕書長在台北關稅局新科支局迎新茶會上致詞

企劃委員會至管理局討論竹南租金

公會理監事會議召開情形

童兆勤理事長在第八屆第三次會員代表大會上頒獎

公會召開第六屆第三次會員代表大會，曹典章總幹事（右一）報告會務

公會召開第六屆第三次會員代表大會，會員出席相當踴躍

謝其嘉理事長（右四）率理監事及公會幹部與蔡英文主席合照

由左而右為中科副局長郭坤明、吳俊福監事、謝其嘉理事長、張致遠祕書長、竹科顏宗明局長、南科林威呈副局長，在北京參加第一次海峽兩岸科技論壇合影

公關講座：台積電企業訊息處處長孫又文博士主講「台積電處理法人關係之經驗分享」

第一屆竹科志工論壇，吳敦義副總統蒞臨和與會貴賓合影

宏碁集團創辦人施振榮受聘擔任國策顧問與公會同仁合照

行政院長劉兆玄巡視竹科就業博覽會攤位

園區公會理監事舉辦活動，監事吳俊福（右三）向大家說明烏魚子製作過程

竹科業務行銷委員會辦理的前進印度說明會，介紹印度投資環境

謝理事長夫人沈蔚芸（右三）是首屆蕙竹社社長

2010年科學園區廠務研討會出席踴躍

祕書節活動合照

聯電榮譽董事長曹興誠先生出席本會歡送曹典章總幹事榮退餐會，會後場外留影

祕書學會年終晚會玩得很high

公會參觀調查局大合照

園區公會福委會每年都會辦理中秋月餅採購展售會，已成為月餅業者及會員廠商最愛

竹科祕書學會遊淡水河與行政院副院長葉菊蘭合影（最後一排中間者）

影像說故事

中科會務活動集錦

中辦處草創初期辦公室為鐵皮屋建築；自九十七年年底遷至中科管理局工商服務大樓七樓現址

馬總統出席中科高階主管聯誼會致詞

會同進出口保稅委員會正、副召集人、中科管理局投資組黃懿美副組長及中科海關廖繼獲課長一行人拜會台中關稅局新任馬幼竹局長

中科高階主管聯誼會議，假玉晶光電公司召開，會後與會來賓共同合影

科學園區工安環保月活動，謝其嘉理事長致贈漫畫比賽得獎小朋友獎狀及獎金

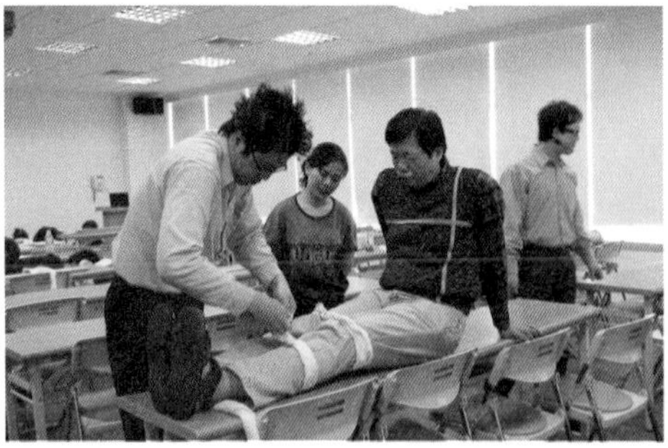

中科辦事處第一次辦理急救人員十八小時證照訓練課程

因春雨延遲導致缺水危機，水電氣委員會勘查取水點，與自來水公司確認取水流程及周遭交通設置

中科公關科長李安妤和美麗的女警合照

中科七周年慶，本會謝其嘉理事長與國科會周景揚副主委、中科楊文科局長及台積電蔡力行總經理共同慶賀中科七歲生日

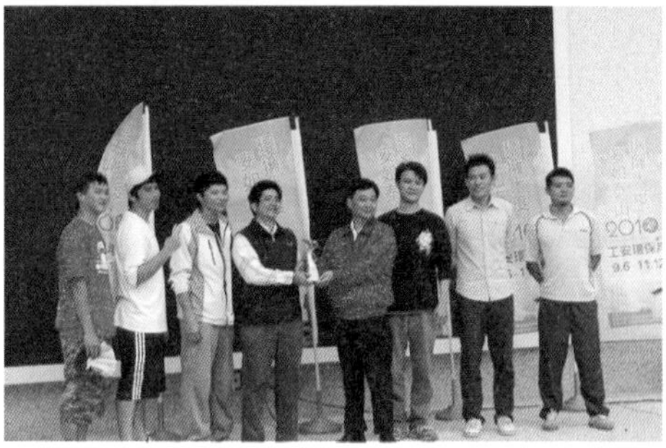

工安環保月緊急應變演練競賽獲獎人員接受中辦處游鈞華處長頒獎合影

本會在中科管理局楊文科局長見證下，由張致遠秘書長代表與台中綠園道商圈簽訂特約合作備忘錄，提供會員廠商特約優惠，縮短個別簽訂的時程

2011年中科高階主管聯誼會自左而右李榮藝組長、國科會周景揚副主委　、宣明智董事長、謝其嘉理事長、楊文科局長及國科會董良生參事

台中市胡志強市長（前排左三）請公會謝其嘉理事長與中科局楊文科局長及同仁們

中科郭副局長在工安環保月緊急應變演練試駕氣墊船

馬總統出席中科高階主管聯誼會並與大家合影

中科警察服務大樓啟用典禮

南科會務活動集錦

謝其嘉理事長及陳麗芬副理事長參加公會南部園區第九屆正副召集人聯合布達典禮，會後舉辦聯誼餐會與合影留念

南科首次舉辦名人演講活動，邀請台積電蔡能賢副總主講，講題:放手真好，蔡副總（左六）贈送公會理監事和出席長官貴賓「放手真好」親筆簽名專書，大家都說「讚」

台南市政府顏純左副市長（右）在台南市度小月餐廳宴請謝理事長（左）並致贈其針對台南地區毒癮愛滋疫情積極投入減害工作經驗的「新鴉片戰爭-尋找現代的杜聰明」著作

公會為加強服務高雄園區廠商，與南科管理局共同舉辦高雄園區產官交流聯誼活動，應邀出席的單位包括台電高雄區營業處、高屏供電處、高雄市國稅局和高雄海關業務二組、高科入區入會廠商代表等，會後全體出席人員合影

台鐵南科站正式啟用，陳麗芬副理事長（左二）等各界貴賓應邀一起為南科太陽能車站進行啟用剪綵儀式

直得公司擴廠祈福典禮，謝理事長（左）與王金平院長（右）應邀出席健康蔬食餐會及互動交流。

謝其嘉理事長與南科郭春暉處長飯後愉快聊天

謝理事長（右五）陳副理事長（右四）與南科管理局陳俊偉局長（右三）聯袂拜訪高雄市李永得副市長（左四）

行政院吳敦義院長（立者）蒞臨南科與廠商座談，並於會中致詞

四大美女一起合唱聯歡

立法院王金平院長至南科與廠商座談，謝其嘉理事長會中致詞，感謝王院長與會指導及理監事、廠商代表的踴躍出席

南科舉辦聯合徵才活動，行政院長（現任副總統）吳敦義、公會謝其嘉理事長、張致遠秘書長及受邀貴賓一起參加「轉動南科，航向全世界」開幕儀式

南科管理局陳俊偉局長（右三）與公會陳麗芬副理事長（右二）、張致遠秘書長（右一）聯袂拜會賴清德市長（左二）慶賀就職台南市第一屆直轄市市長並邀請為南科集團結婚新人證婚，顏純左副市長（左一）在場陪同

公會理監事來到南科開會，於樹谷園區享用「割稻飯」

公會理監事來到南科開會，於樹谷園區留影。前排左四為陳麗芬副理事長

日商住華公司董事長神尾邦政（左二）由黃建銘總經理（右三）陪同拜訪公會，感謝公會對該公司各項服務與協助，謝其嘉理事長（左三）偕同陳麗芬副理事長（右二）及吳淑慧理事（左一）、趙美華理事（右一）熱誠接待

公會南區辦事處辦理花蓮生態體驗之旅，左起南科工安環保委員會召集人李元富經理，中間南辦處郭春暉處長及本會潘仁聰特助於吉安慶修院合影留念

謝其嘉理事長與台南市長賴清德、南科局長陳俊偉等一同用餐合影

國家圖書館出版品預行編目(CIP)資料

園區推手卅年：產官學研的夥伴 / 謝其嘉作. -- 初版. --
新竹市：台灣科學工業園區科學工業同業公會, 民102.09
面； 公分
ISBN 978-986-87283-1-8(平裝)

1.台灣科學工業園區

545.2933 102017477

書　　名：園區推手卅年（產官學研的夥伴）
出版單位：台灣科學工業園區科學工業同業公會
30078 新竹科學工業園區展業一路二號四樓
總 編 輯：謝其嘉
編輯委員：張致遠、湯玉惠、李煜梓、古秀芝、郭春暉、蔡昌遠
執行編輯：李煜梓、王仕琦、李青霖
電　　話：(03)5775996
出版年月：中華民國102 年9 月
版　　次：初版
定　　價：新台幣450 元
ISBN：978-986-87283-1-8 (平裝)

封面圖片由『台灣積體電路製造股份有限公司』提供